# 高校安全教育

主　编／刘　彬　冯强明　王　慧　杨　敏　郁豪庭

副主编／袁永虹　许　超　龚　凡

参　编／华　乐　尹秋馨　舒　健　赵孝俊　杨伟堂　郑圆圆

中国纺织出版社有限公司

**图书在版编目（CIP）数据**

高校安全教育 / 刘彬等主编. --北京：中国纺织
出版社有限公司，2023.8（2025.9重印）
ISBN 978-7-5229-0589-1

Ⅰ.①高… Ⅱ.①刘… Ⅲ.①安全教育－高等学校－
教材 Ⅳ.①G641

中国国家版本馆CIP数据核字（2023）第086329号

责任编辑：郭　婷　　责任校对：高　涵　　责任印制：储志伟

中国纺织出版社有限公司出版发行
地址：北京市朝阳区百子湾东里A407号楼　邮政编码：100124
销售电话：010—67004422　传真：010—87155801
http://www.c-textilep.com
中国纺织出版社天猫旗舰店
官方微博 http://weibo.com/2119887771
北京睿特印刷厂印刷　各地新华书店经销
2023年8月第1版　2025年9月第2次印刷
开本：787×1092　1/16　印张：12.25
字数：200千字　定价：47.80元

# 前 言

习近平总书记在党的二十大报告中明确指出国家安全是民族复兴的根基，社会稳定是国家强盛的前提。必须坚定不移贯彻总体国家安全观，把维护国家安全贯穿党和国家工作各方面全过程，确保国家安全和社会稳定。

2016年，上海教育委员会发布上海市大学生安全教育三年行动计划（2016—2018年）重要通知，明确了高校开展大学生安全教育工作的目标、任务和途径。通知以党的十八大以及十八届三中、四中、五中全会精神为指导，围绕大学生安全教育体系基本成型、高校安全文化氛围有效改善、大学生安全教育水平持续提高，以及大学生安全教育质量明显提升四大目标，强调完善课程设置，将大学生安全教育纳入高校教育教学体系，制订具体的教学计划，合理安排相应的教学时间；充实教学资源，积极开发利用与大学生安全教育相关、为教学服务的多种教学资源；建设师资队伍，努力构建"专职为主、专兼结合、社会参与"的高素质大学生安全教育师资队伍，提高安全教育学术水准；健全考核评价，加强教学考核评价，从课堂教学和实践应用两方面检验教学绩效和教学方法，帮助学生有效掌握所学知识和技能。

2020年教育部印发《大中小学国家安全教育指导纲要》的通知，强调大学阶段，重点围绕理解中华民族命运与国家关系，践行总体国家安全观。学生系统掌握总体国家安全观的内涵和精神实质，理解中国特色国家安全体系，树立国家安全底线思维，将国家安全意识转化为自觉行动，强化责任担当。通知鼓励支持高等学校设置国家安全教育专业或开设国家安全教育专业双学位，强化师范专业国家安全教育要求，培养从事国家安全教育专业人才。

2023年4月15日是第八个全民国家安全教育日，司法部、全国普法办日前联合印发通知，部署开展2023年全民国家安全教育日普法宣传活动。今年的活动主题是"贯彻总体国家安全观，增强全民国家安全意识和素养，夯实以新安全格局保障新发展格局的社会基础。"根据通知要求，本教材将安全教育推进校园，践行新时代背景下的总体国家安全观。

本教材结合新时代新任务的新要求，汲取校园安全工作实践经验编写，主要围绕校园师生安全教育，内容包括心理安全、人身与财产安全、毒品预防教育、网络安全、自然灾害、事故灾难、公共卫生事件、社会安全事件、心肺复苏和 AED 的使用、常用急救方法、常见急症的应急处理、意外伤害的应急处理，以及运动康复。

本教材具有如下特色：

（1）知识性与实用性的科学统一。教材紧扣普通高等学校师生的生活、学习、工作和实践，深入浅出，是一本集知识性、实用性和可操作性为一体的科学的安全教育教材。阅读和学完整本书后，基本可以应对和处理日常安全问题和突发事件。

（2）案例丰富多彩。本教材涉及高校师生可能遇到的方方面面的安全问题，通过丰富的配套案例能够实实在在地提供急救方法、应急处理、自我救护知识和康复处方，适合普通高等学校的师生以及相关工作者阅读和参考。

本教材在编写的过程中，参考和借鉴了国家安全教育和高校安全教育方面的文献资料和网络资源，凝聚众力，共筑安全校园！

主编

2023 年 4 月

# 目　录

# 第一章　安全教育

✏️ **本章学习目标**

- ◆ 了解什么是心理安全。
- ◆ 了解什么是人身与财产安全。
- ◆ 了解什么是毒品安全。
- ◆ 了解什么是网络安全。

## 第一节　心理安全

### 一、心理安全的含义

#### (一) 什么是心理安全?

心理安全是指个体在社会环境中感受到的自我价值、自我表达和自我发展的保障,是心理免于危险、不受威胁和危害的客观状态。它不仅关乎个体的心理健康,也关乎组织的学习、创新和成长,它是一种主观感受,但也受到客观环境的影响。在一个具有心理安全性的环境中,人们可以相互尊重、信任和支持,共同承担维护彼此安全的责任,可以促进知识分享、反馈交流,从而提高组织的绩效和适应能力。心理安全是所有公民应该享有的基本权利,在不与其他的公民权利相冲突的情况下,不做伤害他人心理安全的事情,也应该是每个公民的责任和义务 (图 1-1)。

图 1-1　自我的主观感受

**小 贴 士**

2022 年中国人口文化促进会批准成立"心理安全专业委员会",目的在于将结合心理学、社会学、教育学、人口学、传统文化等多个领域,进行多学科、多视角的整合,通过促进心理安全在多个领域的研究与实践，打造一个为全民服务的心理安全服务体系，通过心理安全宣传月活动大力弘扬人人共筑心理安全、人人共享心理安全的理念，最终达到全民人口文化素质的提升、全体社会成员心理健康和公共精神卫生水平的提高，全面促进和保障国民安全。

### （二）心理安全活动

每年定期召开中国心理安全大会，邀请领导、相关领域专家学者、社会各界代表，共同探讨心理安全的理念、意义，心理安全建设与平安中国、健康中国的关系、心理安全实践和政策等议题。共同推动以预防为主，服务于全民的心理安全工程。引领心理安全行业发展的新动向，为心理安全行业发展保驾护航。

每年开展全民心理安全月活动，结合心理安全的不同主题，通过举办理论与实践相结合、系列多样的活动，聚集专家、学者资源，联合相关企业、社会公益组织等社会各界力量，保障心理安全政策的落地与实施，促进心理安全产品的发展，普及心理安全常识，推动心理安全理念的传播，不断提高全民心理安全意识，助力提升全民心理安全水平，推动心理安全产业发展。最终促进国民人口文化素质的整体上升，助力平安中国、健康中国建设。

**小 贴 士**

2022年，第一届全民心理安全月活动的主题是"拒绝隐秘伤害，保护心理安全。"作为"心理安全月"的核心科普成果，《中国心理安全图谱》将心理安全的概念迭代升级，号召每个人身体力行地维护自己与身边人的心理安全，以"心理安全的第一责任人"的意识参与社会心理安全体系共建，以积极正面的心理状态全面投入新的生活。中国心理安全月首开心理安全科普先河，以核心数据报告展示全国人群心理安全现状，指明心理安全工作的重要性与意义，唤起社会大众对"心理安全共建"的认知。人人心理安全，才有社会安全（图1-2）。

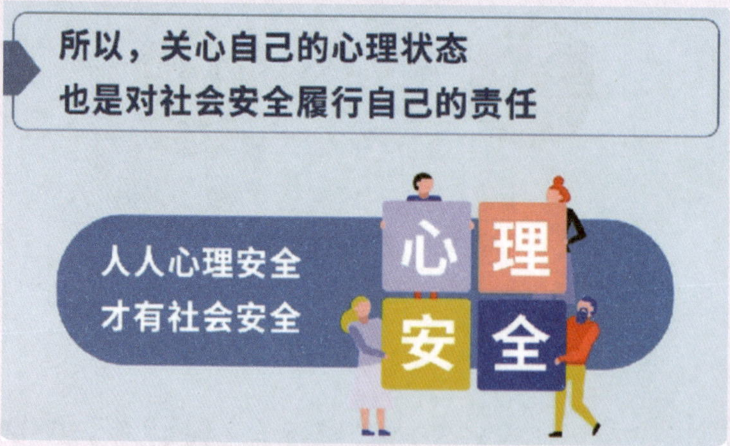

所以，关心自己的心理状态
也是对社会安全履行自己的责任

人人心理安全
才有社会安全

心理安全

图1-2 《中国心理安全图谱》摘选

（三）心理安全常识

1. 应激反应

应激反应是指个体在面对各种内外环境因素及社会、心理因素的刺激时，所出现的一系列全身性非特异性适应反应。应激反应包括生理反应和心理反应两大类。生理反应表现为交感神经兴奋、垂体和肾上腺皮质激素分泌增多、血糖升高、血压上升、心率加快和呼吸加速等；心理反应包括情绪反应与自我防御反应、应对反应等。应激反应是刺激物同个体自身的身心特性交互作用的结果，它既有利于个体的生存和发展，也可能导致个体的疾病和障碍。为了有效地控制应激反应，保持心理安全，请做到以下几点：

（1）正确认识自己的能力，不承担超出自己能力范围过大的任务和工作，保持清醒的头脑、考虑实际。

（2）提高自我技能，注意积累经验，学会在每次自我锻炼后进行复盘，增强自我意识，提升适应能力。

（3）进行预演性训练，培养自己的稳定情绪和意志的能力，增强自制力。

（4）学习并运用一些控制情绪的方法，如自勉、自我激励、自我放松等，通过训练，提高心理承受能力，消除心理的过度紧张。

2. 积极心理建设

积极心理建设是指通过培养和运用一些积极的心理素质和策略，来提高个体的心理安全水平和生活满意度的过程（图1-3）。积极心理建设的主要内容包括以下几个方面：

图1-3　积极心理建设

（1）乐观：并不是盲目地乐观，而是基于现实的乐观。它是指面对失败时努力寻找其中的原因，并从中学习和成长。

（2）互助：在帮助他人的过程中也接受到他人的帮助，从而形成一种正向循环。它既可以增强个体的社会支持感和归属感，也可以提升个体的自尊和自信。

（3）关注自己的长处：多关注那些积极因素，不总问缺点是什么，多问问优点是什么，怎样能更好地发挥优点，让个体更加认识和欣赏自己，也可以激发个体的潜能和动力。

（4）设定目标：设定一个远期目标，并尽可能多地关注远期目标，可以从眼前的困境中跳脱出来，从而减少焦虑感。同时，设定目标也可以让个体有一个明确的方向和意义，增加个体的主动性和责任感。

（5）树立榜样：为了达成目标，给自己树立一个榜样，让自己感到更加踏实。榜样既可以是一个具体的人物，也可以是一个抽象的理想。通过模仿榜样的行为和思想，个体可以更快地学习和进步。

（6）社会支持：不要独来独往，遇到困难时不要自己硬扛，试着寻求帮助。社会支持可以来自家庭、朋友、同学、老师等各种关系。社会支持可以给个体提供情感上、物质上、信息上等各方面的帮助，缓解个体的压力和孤独感。

3. 意志力的调节作用

意志力是指个体在面对困难或诱惑时，能够坚持自己的目标和原则，克服各种障碍和干扰，实现自我控制和自我调节的心理能力。意志力的调节作用主要体现在以下几个方面：

（1）意志力的调节作用与既定目标的认识水平相联系。正确的认识是意志行动的前提。只有当个体对自己的目标有清晰的认识，才能够有明确的方向和动机，从而激发和维持自己的意志力。

（2）意志力的调节作用与人的情绪体验相联系。情绪是指个体对自身或外界事物的主观评价和反映，它可以影响个体的思维、行为和身体状态。在生活中，有的人遇到困难或挫折时，由于情绪的波动，表现为不能自我约束，甚至发生冲动性行为，从本质上讲，这是意志薄弱的表现。相反，有的人能够善于控制自己的情绪，并使之趋向稳定，从而保持冷静和理性，这是意志力强大的表现。

（3）意志力的调节作用在于善于利用外部环境和内部资源来促进自己的意志行动。外部环境包括时间、空间、人际等因素，它们可以为个体提供支持或阻碍。内部资源包括注意力、记忆力、想象力等心理过程，它们可以为个体提供信息或刺激。通过合理地安排外部环境和调动内部资源，个体可以增强自己的意志力，并有效地实现自己的目标。

## 二、心理安全的影响及意义

国家安全受到国民心理素质的影响，国民心理疾病可能危及国家安全、社会及组织的稳定。因此，心理安全工作是保障国家安全的重要内容（图1-4）。

心理安全知识和技术是促进全民心理健康的必要条件。心理安全员、心理督导，心理安全体系认证等都是实施党中央提出的"加强社会心理服务体系建设，自尊自爱，理性和平，积极向上的社会心态"的有效途径。基于数字健康技术（DHT）的心理安全产品是保证任何人在遭受危害因素侵害时能够及时获得服务、保持较高精神福祉的重要途径。

心理安全与教育密切相关。心理安全可以通过情感、态度、价值观来培养，通过营造心理安全环境，更好地认识生命意义和价值；有了心理安全环境，才能创建积极的校园氛围，降低心理安全相关的负面风险与危害。

图1-4 加强心理安全工作

**案 例**

2023年2月，胡某宇失踪自缢死亡案引发了社会舆论的广泛关注。据心理专家访谈和分析，胡某宇性格内向、孤独，缺乏情感支持和宣泄渠道，常有避世想法，具有随时随地在书本上记录自己情绪、想法的习惯。2022年9月就读初中后，由于学习成绩不佳、人际关系紧张、青春期冲动等因素，胡某宇的心理状态失衡，出现了睡眠障碍、认知障碍、情绪障碍等心理问题，有明确的厌世表现和轻生倾向。

胡某宇案件反映了当代青少年心理安全的重要性。心理安全是心理健康的基础，也是个体成长发展的保障。只有满足了心理安全需求，个体才能够形成良好的心理素质、积极向上的健康心态，开发自己的潜能，保持乐观积极的人生态度。

为了提高青少年的心理安全水平，需要创造一个安全、健康、公正、平等、尊重、快乐、包容的环境，同时需要加强心理安全教育。心理安全教育不仅要防治心理疾病，这只是它的初级功能；还要完善心理的调节机制，这是它的中级功能；更要促进心理的充分发展，这是它的高级功能。特别是对于大学生这一群体，面对时代的客观要求和大学生活的现实要求，更需要接受系统而有效的心理安全教育，以提升心理安全感和适应能力。

**小 贴 士**

心理安全是人面对所处内外环境的安全境况持有的一种追求平稳、不受威胁的应对性心理机制，不需要有任何的戒备心，不担心别人会随时指责和批评自己，有一种安全、自由的感觉，最终实现人与自身、他人、社会和意义世界的全面积极和谐。面对安全境况，如其所形成的是一种良性的应对心理机制，则其外显行为是和谐友善的；反之，其外显行为则会表现为一种安全事故。

一、常见的心理安全问题

1. 焦虑症

焦虑症是一种精神疾病，以焦虑情绪体验为主要特征。焦虑症的常见症状包括精神性焦虑，如担忧、紧张、不安全、烦躁和害怕等，以及躯体焦虑，如头痛、头晕、肌肉紧张、胸闷、心慌、尿频、尿急、手、脚、头部震颤等。焦虑症可以分为慢性焦虑（即广泛性焦虑）和急性焦虑（即惊恐发作）两种形式。

2. 恐怖症

恐怖症是一种对特定事物或情境有过度的、不合理的、持久的恐惧反应。恐怖症的种类很多，如高度恐怖症、蜘蛛恐怖症、社交恐怖症等。

3. 抑郁症

抑郁症是一种以心情低落、兴趣丧失为主要表现的情感障碍。抑郁症多半会伴有其他症状，如注意力不集中、自我贬低、睡眠紊乱、食欲变化等。抑郁症患者容易感觉到疲劳，心情压抑，悲观失望，学习兴趣减退，缺乏活动愿望，丧失活动力，学习不能胜任等，以及与抑郁相联系的其他感知和躯体方面的感受，如身体多处不适感，头痛，身体酸胀感，记忆力明显下降，饮食不香等。

4. 强迫症

强迫症是一种以强迫思维和强迫行为为主要特征的精神障碍。强迫思维是一些反复出现、无法控制的想法或冲动，如担心自己忘记关水龙头、害怕被污染等。强迫行为是为了减轻焦虑而执行的重复性、刻板的行为，如反复洗手、检查门锁等。

二、心理疏导小妙招

由于社会压力的增加，较多人都存在着不同程度的心理疾病，需要及时进行心理疏导，把不良情况对身体和精神的伤害降到最低。常用的心理疏导方式如下：

1. 学会倾诉

适当向家人或者朋友倾诉不开心的事情，不要憋在心里。

2. 转移注意力

当有负面情绪时，可以去专注于另一件事，比如做一些喜欢的事情、听一些轻松愉快的音乐，缓解负面情绪。

3. 换位思考

从不同的角度思考问题，缓解或消除心理压力。

4. 降低期望

对周围的人或者事适当降低期望，会感觉心情得到放松。

5. 适当发泄

发泄的方式有很多种，压力大时可以进行运动，如跑步、跳舞等，通过运动出汗发泄不良情绪，可以放松身体和心灵，缓解心理压力。

6. 积极的心理暗示

有负面情绪时，要从好的方面鼓励自己，告诉自己失败常有，要以平常心面对，不要过分放大失败。过去的事情已经过去，要学会向前看，过于纠结过去，也不能改变过去。

当出现心理问题，还是要进行正确的心理疏导，自身调节能力有限时可以寻找医生帮助。

# 三、心理安全问题

大学生是一个特殊的群体，在学习、生活、人际关系等方面都会面临各种各样的挑战和压力，这可能会导致心理安全问题的出现，不仅会影响大学生的学习成绩和职业发展，还会危害身心健康和社会适应能力。大学生如何维护自身的心理安全呢？让我们从大学生常见的心理安全问题入手，逐一剖析。

## (一) 适应大学生活

适应大学生活是大一新生面临的一个重要问题。由于新生来自不同地域、家庭和经历背景，进入大学后需要在认识自我、与人沟通、适应环境等方面进行全面的调整和适应。然而，当前大学生普遍自理能力、适应能力和调节能力不足，导致大学生活中遇到各种困难和挑战。

为了有效地解决这一问题，新生应该采取以下措施：

(1) 主动规划和管理自己的学习和生活。

(2) 积极地建立良好的关系，融入新的集体和文化。

(3) 提高自己的独立生活能力，养成良好的生活习惯。

(4) 积极地参与各种社会活动、社团工作，拓宽自己的视野和能力。

**案例**

小 H 同学是一名大一的少数民族新生，自入学以来，很难适应大学生活。他在军训、晚自习、早操等方面经常违反纪律，对学习缺乏兴趣和责任感，甚至期中考试缺考。他与同学的交流和互动很少，参与集体活动的积极性低，还因为错过经济困难认定的相关事项，向辅导员表达了不满，并暴露出情绪不稳定的状况。

这个案例反映了新生入学初期可能遇到的一些心理安全问题，如自我认知、人际关系、学习压力、经济困难等。为了有效地解决这些问题，新生应该及时向辅导员老师寻求帮助和指导，同时也要提高自我管理能力，树立明确的目标，科学规划自己的学习和生活。

## (二)调节学习心态

调节学习心态是大学生提高学习效果的重要因素。大学生在学习过程中可能会遇到以下几种心态问题：

### 1. 学习动机不当

学习动机是指驱动和引导个体进行学习活动的内部或外部因素。学习动机不当有两种表现形式，一是学习动机不足，即缺乏明确的学习目标和兴趣，对学习缺乏积极性和主动性；二是学习动机过强，即对学习过于执着和苛求，对自己的要求过高。这两种情况都会影响大学生的学业效能感，即个体对自己完成学业任务的能力的信念和评价。

### 2. 注意力不集中

注意力是指个体在一定时间内对某一事物或活动的专注程度。注意力不集中是指个体在学习时无法持续地保持对学习内容的关注，容易受到外界或内心的干扰，导致学习效率降低。

### 3. 考试焦虑

考试焦虑是指个体在面对考试时产生的一种紧张、恐惧、担忧等负面情绪。考试焦虑会影响个体的认知、情感和行为表现，导致考试成绩下降。

为了有效地解决这些心态问题，大学生可以采取以下措施：

### 1. 树立目标，调整心态

大学生应该根据自己的兴趣、特长和发展方向，制定合理的学习目标，并将其分解为具体的小目标，以增强自己的动机和信心。同时，大学生应该正确地评价自己的能力和水平，不要过高或过低地要求自己，而要保持一种积极、平和、开放的心态，以适应不同的学习环境和挑战。

2. 改进学习方法，提高学习效率

大学生应该根据自己的特点和需求，选择适合自己的学习方法，如预习、复习、笔记、讨论等，并结合实际情况进行灵活调整。同时，大学生应该合理安排自己的时间和精力，避免拖延和杂念，集中注意力于当前的任务，并及时检查和反馈自己的学习效果。

3. 保持旺盛的精力，坚持不懈

大学生应该注意保持身心健康，养成良好的作息、饮食、运动等生活习惯，以保证自己有足够的精力投入到学习中。同时，大学生应该培养一种坚韧不拔的品质，遇到困难和挫折时不要轻易放弃，而要积极寻求帮助和解决办法，并从中吸取经验和教训。

4. 正确对待考试，不以一时成败论英雄

大学生应该认识到考试只是检验自己学习水平的一种方式，而不是衡量自己价值的唯一标准。应该在考试前做好充分的准备，积极应对考试中可能出现的问题，同时也要在考试后进行总结和反思，找出自己的优势和不足，并制定相应的改进措施；应该以一种平常心来面对考试，不要过分紧张或放松，不要因为一次考试的好坏而自满或自卑，而要根据自己的长远目标和发展规划，持续地提高自己的学习能力和素质。

### (三) 处理人际关系

处理人际关系是大学生心理安全的重要方面。大学生在进入大学后，会面临一个新的社会环境，需要与不同的人进行交往和沟通。然而，大学生对人际关系的期望往往高于实际，容易产生理想化的幻想和要求，导致与他人的矛盾和冲突。因此，大学生人际关系的挫折感较强，容易由于交往受挫引发心理障碍，如孤独、自卑、厌恶、情绪等。为了有效地处理人际关系，大学生可以采取以下措施：

1. 跳出以"我"为中心的怪圈

大学生应该认识到自己不是社会的中心，而是社会的一员，需要与他人相互尊重、理解和合作。大学生应该树立一种热忱、坦率、谦虚、友爱的态度，主动与他人沟通和交流，表达自己的想法和感受，同时也要倾听和接纳他人的意见和情绪。

2. 为人宽厚，能屈能伸

大学生应该认识到人际关系中不可避免地会存在一些分歧和摩擦，这是正常的现象，而不是敌对的信号。应该以一种宽容和包容的心态来对待他人的不足和错误，并且能够适当地调节自己的要求和期待，避免过分苛刻和固执；应该在合理的范围内妥协和让步，以维护人际关系的和谐。

3. 正确对待各种不公平的现象

大学生应该认识到社会是一个复杂多元的系统，其中存在着各种各样的不公平和不平等现象，这是不可改变的客观事实。应该以一种冷静和理智的态度来面对这些现象，并且能够区分自己能够控制和改变的事情和不能够控制和改变的事情。对于前者，大学生应该积极地采取行动，争取自己的权益和利益；对于后者，大学生应该调整自己的心态，接受自己不能改变的事实，并且寻找自己能够发挥的优势和空间；应该以一种积极和乐观的心态来面对人生的挑战和困难，而不是消极和悲观地放弃和逃避。

**案例**

　　大学生 A 平时在班里很少与其他学生交流，寒假过后，A 主动告诉辅导员自己寒假期间在家里多次割手臂，控制不了自己，有过多次自杀的想法，因为牵挂家人并没有实施，所以认为自己很失败。辅导员通过与该生谈话了解到，两年前 A 就经常情绪低落，近半年已经控制不了自己的想法和情绪，想要睡觉后永远别醒来，有自杀的想法。该生表示自己知道随意结束生命是不对的，也不想割手臂，但就是控制不了自己。A 没有朋友，平时在学校干什么都是自己一个人，很想要有一个一起吃饭、上课、玩耍的好朋友。他多次产生过跳楼的想法，来到窗边时，就听到有人在叫他，往下看的时候也能看到楼下有人叫他快跳下来，这个声音最近两个月在梦中也听过，梦里他曾见过这个朋友，一个月会见到 1～2 次，梦里他们承诺做一辈子好朋友，彼此说心里话。最近在班里见到了梦里的好朋友，想要打招呼，但一站起来这个好朋友就不见了，他希望这是真实存在的，但也清楚这是幻觉。在与辅导员交谈后，辅导员将他列入重点关注学生名单，提醒班级心理委员、宿舍长密切关注，进行 24 小时监护，并向班主任、学院领导汇报相关情况。经过学校心理咨询中心老师评估，联系学生家长告知该生在校情况，向家长了解学生在家的表现，提醒家长多关注学生情绪变化，签订《知情同意书》，并及时带去专业医院诊断。

　　这个案例告诉我们要重视和及时关注自我的心理状态，一旦感受到心理状态异常一定要及时找辅导员或者家长进行沟通，寻求专业帮助，以免造成不可挽回的后果。

**案例**

　　某高校大三在读女生 M，性格开朗，爱结交朋友，与同学、室友相处融洽。数月前，在大学生网络社交平台上结识校外男生 C，在对方真实身份信息不明的情况下，与之相处一段时间并且相约见面若干次后，M 拒绝了 C 的示爱和追求，并将其微信、手机等联系方式删除。C 被拒后加入学校若干学生 QQ 群，发布两人交往的信息，并且肆意添加其他学生的抖音，私信散播两人感情的相关言论。学生 M 在公开网络评论区就 C 对自己造谣中伤一事进行交涉，双方发生争执，言辞激烈，C 甚至辱骂 M 及其亲属、朋友，导致 M 情绪激动，当晚 19 时左右独自返回寝室，21 时发布疑似轻生的网络动态。其室友觉察异样，返回宿舍后发现散落的安乐片空盒，反复叫醒 M 无果后立即报警。

该案例是由学生恋爱情感处理不当导致的人际矛盾，学生没有通过合理合法的渠道解决问题，反而走上自伤的极端道路。此案例告诉我们加强大学生人际交往能力、法律维权意识、心理抗压能力和心理调适能力非常必要，同时要建立健全的心理危机干预体系，及时发现和救助有自伤倾向的大学生。

### (四) 自我认知失衡

自我认知失衡是指个体对自身的认知与实际情况不一致的现象，主要有自我认知偏差和自我认知障碍两种表现形式。自我认知偏差是指个体对自身的认知存在一定程度的偏离，但不影响其正常的社会功能和心理健康。自我认知障碍是指个体对自身的认知存在严重的偏离，导致其出现心理问题或社会适应困难。

大学生作为一个特殊群体，正处于人生发展的重要阶段。在这一阶段，需要建立稳定和积极的自我认知，以适应社会环境和个人需求。然而，由于各种内外部因素的影响，大学生往往不能客观地认识和评价自己，出现了不同程度的自我认知失衡，主要表现为以下三种类型：

1. 低自尊型

这类大学生对自己缺乏信心和肯定，总是看不到自己的优点和潜能，容易产生消极情绪和行为。

2. 高自尊型

这类大学生对自己过分自信和满足，总是夸大自己的能力和成就，忽视自己的缺点。

3. 自我效能失调型

这类大学生对自己的能力和目标之间存在不合理的期望，总是设定过高或过低的标准，导致自己在实际行动中遇到困难或失去动力。

这些不同类型的自我认知失衡，都会对大学生的学习、生活和发展造成不利影响，甚至引发一些心理安全问题。因此，大学生需要采取有效的措施，调整和改善自己的自我认知，提高自己的心理素质和社会适应能力。大学生可以从以下三个方面入手：

1. 积极悦纳自我

这是建立健康自我认知的基础。大学生应该接受自己的优缺点和局限性，欣赏自己的个性和特长，树立自己的价值观和目标感，不为了迎合他人而改变自己，多给自己一些鼓励和奖赏。

2. 有效控制自我

这是提高自我认知水平的关键。大学生应该在任何情境中尝试从积极乐观的角度看待问题，对生活环境中的一切多表达感恩和欣赏，少抱怨和埋怨。同时，也应该学会自我调节，控制自己的情绪和行为，避免过度激动或消沉。

3. 不断超越自我

这是实现自我认知发展的途径。大学生应该从日常小事开始，从积极行动开始，全力以赴，最大限度地发挥自己的潜能。在行动之后，应该及时反思分析得失原因，吸取教训作为经验，再次投入行动。一旦有所成果，应该再次反思总结，找出优势和不足，进一步提升和超越自己。通过这样循环往复的过程，大学生就能逐渐建立起符合实际情况的、积极健康的、有利于成长的自我认知。

**案例**

小林是当地高考状元，考入了北京某重点高校。她满怀信心地想要在大学里继续保持优异的成绩，争取奖学金。然而，第一学期期末，她的成绩并没有达到自己的预期，这让她感到十分失落。从那以后，她的情绪一直低落，对学习失去了兴趣和动力，也不愿意与同学交流和合作，甚至整夜难以入睡。最终，她被诊断出患有抑郁症。

据调查显示，大学生抑郁障碍的发病率高达23.66%。导致大学生抑郁的原因有很多，比如失恋、学业、就业、校园暴力等。小林的抑郁症主要是由于她对自己的期望过高，而现实与理想之间的落差让她无法接受。这种学习焦虑和自我冲突使她对大学生活和人际关系产生了抵触和消极的态度，进而发展成了抑郁症。

这个案例告诉我们，在面对落差时，我们应该调整心态和应对挫折。首先，我们应该认识到自己的优势和不足，并且接受自己的现状。我们不应该过分追求完美，而是要树立合理的目标和期望。其次，我们应该提高自己的抗压能力和适应能力，将失败看作是成长的机会，将挑战看作是激励的动力。我们应该积极地面对问题，而不是逃避或放弃。最后，我们应该学会表达自己的情感和需求，并且寻求他人的帮助和支持。如果小林能够在遇到困难时调整自己的心态，认识到自己还有很多可以进步的空间，并且与同学、老师、家人等沟通交流，寻求他们的理解和鼓励，那么她就可能避免陷入抑郁症。

### (五)择业就业忧虑

职业选择困惑是高年级大学生常见的心理安全问题之一。择业压力是指大学生在即将毕业时对于职业选择所产生的心理紧张、焦虑、恐惧等负面情绪。在即将毕业和就业的关键时期，大学生需要综合考虑个人的理想、能力、兴趣、价值观等内在因素，以及收入、声望、条件、前景等外在因素，以期找到一份符合自己期待的工作(图1-5)。然而，当前社会竞争日益激烈，用人单位对人才的要求也日益提高，很多大学生在校期间缺乏社会实践和社会认知，对就业市场和职业发展缺乏清晰的认识和规划，这些情况导致大学生在就业过程中遇到很多困难和挫折，从而产生失落感、不安感、迷茫感和焦虑感。针对这一问题，大学生可以尝试以下几种解决方案：

1.树立正确的职业观念

将个人的职业发展与社会的需求相结合，不仅考虑自身的利益和满足，也考虑社会的责任和贡献。

2. 增强自我认知能力

客观地分析自己的条件、气质、兴趣等特点，确定符合自己实际水平和潜力的期望值和目标。

3. 培养艰苦奋斗的精神和品质

积极地面对就业中的挑战和困难，将其视为锻炼自己和实现自我价值的机会。

图1-5　大学生择业就业

**案例**

　　王某是一名大三学生，平时喜欢看书，但是他有一种奇怪的心理：总觉得身后有人会打扰他，让他感到不安全。因此，他只能选择坐在教室的角落或者靠墙的位置，才能安心。他对舍友播放收音机也很反感，尤其是中午睡觉时，总是被声音打扰，睡不好觉。他经常休息不好，导致精神状态很差，但是又不敢跟同学当面发生冲突，因为觉得为这样的小事发脾气，可能是自己不对。这种心理困境让他很苦恼，影响了日常的生活和学习。即将毕业了，他对未来没有任何规划，担心找不到理想的工作，也不知道自己想做什么。有时候他也想考研究生，但是没有足够的学习动力和信心。他觉得自己很自卑，没有什么优点和特长，对生活很消极，认为一切都不顺利。他家在农村，经济条件一般，觉得自己有责任承担家庭的重担，但是又感到力不从心。

　　本案例中的王某主要面临着择业压力导致的心理困境。择业压力的形成与大学生自身能力与理想目标之间的落差有关，落差越大，压力也就越大。王某学习成绩一般，缺乏自信心，同时家庭经济条件一般，感到有责任找一份好工作，因此择业压力十分巨大，并且随着毕业时间的临近而不断增加。他面对择业压力，采取了消极的应对策略——回避，不愿意面对现实问题，而是选择逃避和放弃，这种回避策略并不能解决问题，反而会加剧问题和压力。择业压力使王某变得敏感和脆弱。这种敏感和脆弱体现在他对日常生活中的一些细节非常在意：总是担心会有人打扰他看书或睡觉，甚至在没有任何干扰的情况下也会产生怀疑、担心和害怕，这种过度敏感和脆弱反映了他对自我控制能力的缺乏。择业压力使王某容易发生人际冲突。这是因为他采取了消极的应对策略——压抑，对舍友播放收音机非常反感，但又不敢直接表达自己的不满，而是把消极情绪积压在心里，这种压抑策略会导致情绪转移，影响人际和谐与沟通。

## 四、心理安全与安全感

### (一) 安全感的含义

安全感是一种心理状态，它反映了个体对自己的身体和心理是否受到威胁或危险的预期，以及个体在面对困难或风险时是否有能力和信心应对的感受。安全感主要表现为确定感和可控感，即个体对自己所处的环境和未来的发展有一定的信任和把握，不会感到恐惧、焦虑或无助。安全感是人类的基本需求之一，它影响个体的情绪、认知、行为和人际关系。马斯洛的需求层次理论认为，安全感是在生理需求之上的第二层次的需求，是个体追求更高层次需求 (如归属、尊重、自我实现等) 的前提。

大学生的心理安全感是一种共同的信念，即大学生对自己是否可以掌控由某些突发性公共安全事件蔓延导致的系列安全风险的主观感知与评价，其基本功能是在突发性公共安全事件防控的信息叠加过程中，揭示大学生对突发性公共安全事件防控效能反馈的基本信念。

### 小 贴 士

人本主义心理学家认为，安全感是决定心理健康的最重要的因素，可以被看作是心理健康的同义词 (图 1-6)。马斯洛从多个方面对具有安全感和具有不安全感的人进行对比发现，缺乏安全感的人往往感到被拒绝，感到不被接受，感到受冷落，或者受到嫉恨、受到歧视；感到孤独、被遗忘、被遗弃；经常感到威胁、危险和焦虑；将他人视为基本上是坏的、恶的、自私的或危险的；对他人抱不信任、嫉妒、傲慢、仇恨、敌视的态度；具有悲观倾向；总倾向于不满足；有紧张的感觉以及由紧张引起的疲劳、神经质、恶梦等；表现出强迫性内省倾向，病态自责，自我过敏；罪恶和羞怯感，自我谴责倾向，甚至自杀倾向；不停息地为更安全而努力，表现出各种神经质倾向、自卫倾向、自卑等；自私、自我为中心。而具有安全感的人则感到被人喜欢、被人接受，从他人处感到温暖和热情；感到归属，感到是群体中的一员；将世界和人生理解为惬意、温暖、友爱、仁慈，普天之下皆兄弟；对他人抱信任、宽容、友好、热情的态度；乐观倾向；倾向于满足；开朗，表现出客体中心、问题中心、世界中心倾向，而不是自我中倾向，自我接纳，自我宽容；为问题的解决而争取必要的力量，关注问题而不是关注于对他人的统治；坚定、积极，有良好的自我估价；以现实的态度来面对现实；关心社会，合作、善意，富于同情心。

图 1-6　心理健康

弗洛姆 (Fromm) 认为个体的安全感是不断变化着的，随着年龄的增长而不断降低。幼年时期，由于个体的能力不足须处处依赖父母，自己和父母之间联系紧密，在父母照顾自己的过程中体验到了强且稳定的安全感与归属感。随着年龄的增长，个体的能力得以提高，要走出家庭进入社会，和父母之间的联系减少，开始变得疏远，个体的安全体验也就随之降低。可以看出，安全感体验主要取决于个体和他人之间关系的紧密程度（图 1-7）。

图 1-7　安全感

## （二）不安全感的表现

不安全感是指个体面对风险、压力以及各种威胁性的内外部环境时，通过情绪体验、生理反应及行为意向等表现出来的一种情感体验。

不安全感是人类普遍具有的基础心理特征，当它在一般范围内的时候，往往不被当作是病态的表现。不安全感是所有神经症的共同人格基础，当出现不安全感却找不到对象的时候，就是焦虑症。当它在人际交往中表现出紧张、恐惧和逃避的时候，轻则是社交焦虑，重则是社交恐惧症。当对自身的健康状况极度没有把握的时候，就表现为疑病症。在感到极端不安全并通过各种方法控制，控制失败后还没有放弃，并变本加厉地试图继续加以控制的时候，就表现为强迫症。在控制失败并绝望的时候，就表现为恶劣心境。缺乏安全感的人经常感到孤独、被遗忘、被抛弃，对他人抱有不信任、嫉妒、傲慢、仇恨、敌视的态度，有悲观倾向，表现出强迫性内省倾向、病态自责自我过敏，等等。

### (三)增强安全感的方法

**1.正确认识危险发生的可能性**

生活中确实存在一些让我们担心的事情，但是如果过于渲染这种担心，让担心成为一种负担，那么就会束缚我们的手脚，局限我们的行为，僵化我们对事物真相的认识。

**2.建立合理的自我评价体系**

经常感到不安的人，可能对这个世界的认识过于消极（将世界人生理解为危险、黑暗、敌意挑战，像一个充满互相残杀的角斗场)，也可能是他们的自我评价系统出现了问题。如果能合理地评价自己，相信自己的工作和人际交往能力会随着时间的推移而逐渐增强，那么内心的不安和疑虑也会慢慢消失。

**3.悦纳自己，敢于面对和接受让自己不安的环境**

比如对那些在人际交往中感到不安全，甚至患有社交恐惧症的人，建议首先接纳自己的现状，学着和身边小范围的熟人交往，感受到与人交往其实并没有想象中的那么可怕，一段时间后，再鼓励自己与陌生人沟通。

**小 贴 士**

2008年起，联合国大会将每年的4月2日确定为"世界自闭症日"，以提高人们对自闭症的认识和关注。

2023年4月2日是第16个"世界自闭症日"，主题是"关爱自闭症儿童，关注与支持自闭症人士的照顾者和专业工作者"。

每年的5月25日是全国大学生心理健康日，取谐音"我爱我"，意在提醒大学生关爱自我心理成长，促进自我身心健康（图1-8)。

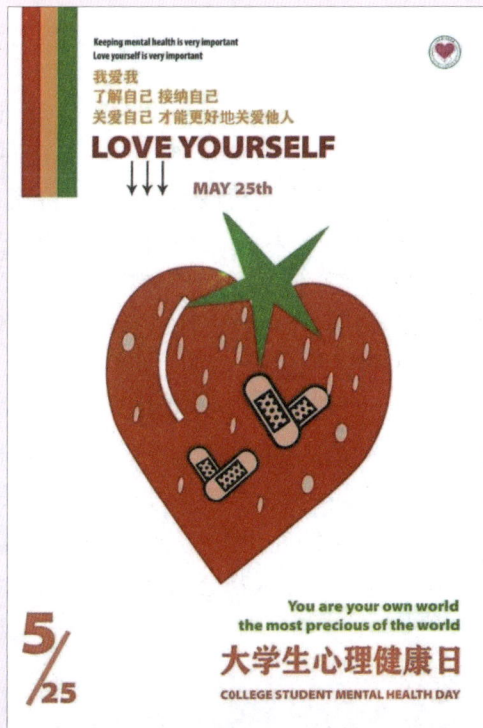

图1-8　大学生心理健康日海报

# 第二节 人身与财产安全

## 一、人身安全与人际关系

人身安全在广义范畴上包括人的生命、健康、行动自由、住宅、人格、名誉等安全；在狭义范畴上包括如《刑法》中人身安全的本义，是作为自然人的身体本身的安全。人际关系是指人与人之间通过交往与相互作用而形成的直接的心理关系，主要表现为人们心理上的距离远近、个人对他人的心理倾向及相应行为等（图1-9）。

图1-9 人际关系

### （一）人际关系之同学关系

人际关系是值得每一个人一生思索和研究的课题，人离不开人，但同时人又是人的制约。无论你是刚升入大学的新生，还是已在大学生活过一两年甚至是即将离开学校的毕业生，都面临着带有一定阶段性特征的人际交往困惑。

新生可能一方面还留恋于中学阶段的交际群体，另一方面也试图建构新的朋友圈。怎么度过这个过渡时期，每个人都在摸索。大二大三的学生渐渐适应了大学的学习和生活，同学们开始努力接纳现在的自己，也努力接纳现在自己身边的人和环境，心态日趋平和、成熟。因此可以比较有建设性地在大学这个大环境中发展自己，并尽量与环境取得和谐一致。当然，这并不等于他们没有人际交往困扰。在宿舍或班级之间的了解加深之后，彼此价值观的冲突突显出来，看不顺眼、容不得的现象也时有发生。

人与人之间的关系真的很微妙，没有人总能处理好各种情况下的人际关系，反之也一样，没有人总不能胜任人际交往。只要抱着一颗宽容的心主动去理解和接纳自己及他人，积极适应环境，每个人都会拥有良好的人际关系。

### 小 贴 士

舍友只是碰巧被分在了同一间宿舍住，无法为我们自己所选择，所以在平时的生活中我们对舍友要相互理解包容、求同存异，才能营造出更和谐的宿舍氛围。

### （二）人际关系之师生关系

师生关系是学校最重要的人际关系之一，师生关系既要清晰权利和义务，又要考虑和谐的情感。良好的师生关系有三个维度。

1. 良好的师生关系是民主平等的法律关系

我国宪法和法律详细规定了教师的权利和义务，比如，要求教师遵守宪法、法律和职业道德，为人师表，贯彻国家的教育方针，遵守规章制度，执行学校的教学计划，履行教师聘约，完成教育教学工作任务等；法律也规定了教师享有教育教学权和管理学生权等，教师的权利和义务是统一的。

学生的权利和义务也是高度统一的。学生一方面有参加学校安排的教育教学活动的权利；另一方面也要遵纪守法、尊敬师长，养成良好的思想品德和行为习惯，努力学习，完成规定的学习任务等。

从法律意义上讲，师生之间不存在谁尊谁卑，是否合法是衡量师生关系正常健康与否的基本尺度，师生关系是法律制衡下的民主平等关系。

2. 良好的师生关系是教学相长的教育关系

在教育活动中，教师是促进者、组织者和研究者，学生既是参与者、学习者、探究者，也是学习的主体。一方面，教师教育管理学生是天职，学生作为教育的对象，要接受教师的教育；另一方面，教师也要向学生学习，可以与教师共同讨论问题，提出各自的见解，共同探讨真理，遵循真理。

3. 良好的师生关系还是亲密有间的情感关系

2014年9月9日，习近平总书记同北京师范大学师生代表座谈时指出："好老师对学生的教育和引导应该是充满爱心和信任的，在严爱相济的前提下晓之以理、动之以情，让学生'亲其师''信其道'。"师生之间必然会因教育交流而产生情感，这种情感是师生在长期的教育学习、相互影响中产生的，是一种美好的心理交往和情感互动，是健康积极的人之常情。但这种情感应当符合师德规范和社会伦理规范，亲密而合规，"亲而不狎"。

师生浓厚的情感关系是顺利完成教育任务的重要保证，它对教育过程和结果有直接影响。教师需要学生的尊重、爱戴和亲近，而要得到学生的爱戴，教师就得具备较高的道德品质修养，具备内在的人格魅力。

### （三）人际关系之情侣关系

步入大学，很多同学已经成年，到了情窦初开的年纪，这时老师以及社会环境便不再反对同学之间的恋爱关系，但是在谈恋爱的过程中，也需要注意保护自己的人身安全以及注意使用正确的人际交往方式（图1-10）。

图1-10 情侣关系

案 例

19岁的小傅家境殷实，在杭州念大学，和女友分手后在网络上认识了一名的女主播，很快两人发展成恋人关系，向对方刷礼物、累计转账300多万元。小傅提出要求视频见面，对方推三阻四，小傅意识到可能被骗，再三追问，女主播承认骗了他，答应还钱。得知小傅被骗的父母次日和他到派出所报案。民警通过资金流和通信流锁定上海籍嫌疑人黄某，之后在一宾馆房间内将她抓获。

由此我们可以看出，开始恋爱关系时一定要注意查清对方背景，要树立正确的价值观，理性对待网络直播打赏。千万不要听信陌生网友的话，警惕主播嘘寒问暖的背后可能涉嫌网络诈骗。在进行网上转账或交易时，应及时保存转账凭证、聊天记录等信息。

### (四)人际关系之校外人员关系

长期以来，交通事故一直是危害学生生命安全的重要因素，发生交通事故的主要原因是思想麻痹和安全意识淡薄。大学生余暇空闲时购物、观光、访友要到市区活动，这些地方车流量大，行人多，各种交通标志眼花缭乱，交通状况十分复杂，若缺乏交通规则意识和通行经验，发生交通事故的概率会很高。

发生交通事故最主要的原因是思想上不重视，安全意识不强。乘坐交通工具，要依次上下，不挤不抢。杜绝乘坐黑车。车辆行驶中不得把身体伸出窗外，乘坐长途客车、中巴车不能贪图便宜，不要乘坐车况差的车，不要乘坐"黑车""摩的"。乘坐火车、轮船、飞机时必须遵守车站、码头和机场的各项安全管理规定。

新学期伊始是诈骗人员作案高峰期，同学们一定要守护好自己的"钱包"，谨防上当受骗。常见的诈骗手段有校外人员邀请加群、网店客服打电话退款、兼职刷单、校园贷、陌生人发送链接、下载软件等。为预防诈骗，请做好以下几点：

(1)下载国家反诈中心APP，查看诈骗案例，提高防范意识。

(2)不轻信"学长学姐"介绍的校园电话卡办理、宽带办理等业务，但凡涉及金钱和转账问题，一定要及时向辅导员汇报。

(3)不轻易点开任何群聊里非官方发布的链接(如陌生人发布的学生信息收集表格，点进去后容易中病毒）。

（4）不要将个人有效证件借给他人，以防被冒用。

（5）不要将个人信息资料如银行卡密码、住址、电话、手机号码等轻意告诉他人，以防被人利用。

（6）远离网络贷款。一旦接触了网络贷款，极有可能越借越多，一旦不能按时还贷，放贷人可能会采取恐吓、殴打、威胁甚至暴力讨债等手段，对学生的人身安全和高校的校园秩序造成重大危害。

## 二、人身安全与社会实践

作为一名大学生，我们的生活可能不只是集中在文化知识的学习上，校内的学生会组织、社团、科研活动以及校外的实习、社会实践等活动都是我们生活中的重要组成部分。那么，在进行这些活动的时候我们需要注意哪些安全问题呢？

### 1.传销陷阱

传销是指组织者发展人员，通过发展人员或者要求被发展人员以交纳一定费用为条件取得加入资格等方式非法获得财富的行为。传销的本质是"庞氏骗局"，即用后来者的钱发前面人的收益。

现在传销骗术层出不穷，近几年又出现了新型传销，即不限制人身自由，不收身份证手机，不集体上大课，而是以资本运作为旗号拉人骗钱，利用开豪车、穿金戴银等方式，用金钱吸引，让你的亲朋好友加入，最后达到血本无归的地步（图1-11）。

作为初出茅庐的大学生，我们一定要擦亮双眼，始终相信"君子爱财，取之有道"，不要相信任何"一夜暴富"等故事案例，以合理合法的手段赚钱，坚决抵制传销，避免自己落入传销陷阱。

图1-11　传销陷阱

小贴士

2017年8月，教育部、公安部等四部门印发通知，要求严厉打击、依法取缔传销组织。通知强调，对打着"创业、就业"的幌子，以"招聘""介绍工作"为名，诱骗求职人员参加的各类传销组织，依法取缔。

2. 实习就业

实习，是学生到企业、政府部门或其他组织等进行实践的一个过程，目的是为以后的工作做好准备。就业是指在法定年龄内的劳动者所从事的为获取报酬进行的务工劳动。作为大学生，我们不可避免地要经历实习和就业这两个阶段。

实习为想要在各自领域获得工作经验的大学生提供了机会，同时也有可能给雇主提供廉价或免费劳动力。

一些大学生在实习之后可能会留在实习单位，因为公司认为他们已经经过实习的训练，能够熟练地完成工作。

实习生的权益一直是社会关注的话题。有些企业在招募实习生时，要求他们具备良好的公关技巧，却不给予合理的薪资和劳动条件。有些企业则会珍惜实习生的贡献，提供有价值的培训和职业发展机会。也有人呼吁立法保障实习生的利益，防止他们被剥削。

如果实习生在实习期间没有学到实用的技能或得到正式的职位，那么就应该获得合适的工资，否则就是被压榨。因为这样的工作并不是真正的实习，而是打工。近来有些雇主让实习生做一些缺乏训练价值的工作（例如到生产线工作），既不付钱也不给机会，这是不公平的。所以大学生在寻找实习时一定要慎重选择，避免上当受骗。同时，选择高质量的实习也能让我们的简历更加出彩。

同样，大学生在就业时也面临着各种挑战和机遇，因此需要谨慎选择合适的工作。就业信息的筛选是第一步，也是非常重要的一步。大学生应该通过正规的渠道，如学校的就业指导中心，权威的招聘网站，或者可信的人脉关系，获取可靠的招聘信息。避免受到虚假或者不合法招聘信息的误导，造成时间和金钱的浪费，甚至危及自身的安全和权益。在筛选出合适的招聘信息后，大学生还需要在签订合同前，对工作的具体内容和可能存在的风险有一个清晰全面的了解。这包括工作的性质、职责、待遇、福利、晋升机会、工作环境和工作时间等方面。同时，还要注意工作中可能涉及的生产环节或者其他工作任务，是否有潜在的危险或者难度，需要提前做好准备和防范。只有这样，大学生才能够找到适合自己的工作，并且能够顺利地适应和完成工作任务。

3. 社团活动

社团是一种群体性的实践活动形式，其宗旨是培养学生的综合素质，促进个性的发展和创造力的提升。

目前各个高校中存在着众多的社团，涵盖了各个领域和方向，大学生们在参与社团活动时，也应该注意保障自己的安全。例如，体育类社团应该在活动前了解可能的受伤风险，准备好相应的防护设备，做好热身运动等必要的预防措施；实践类社团如公益类或者需要外出拍摄或者外出表演的社团，应该做好外出的准备工作，不要因为过分投入社团活动而忽略了自身的安全。此外，参加社团时，应该选择正规的社团，也就是经过学校团委和院系审核正规备案的社团，避免涉及其他校外纠纷。

4. 实验室安全

实验室是科学的摇篮，是科学研究的基地，对科技发展起着非常重要的作用。实验室作为科学实验的地方，如果不多加防范，容易引起很多安全问题，如火灾、化学试剂爆炸、电器爆炸等。

此前，教育部出台《高等学校实验室安全规范》，要求高校设立校级实验室安全工作领导机构，建立健全实验室安全教育培训与准入体系，并建立实验室安全隐患举报制度，明确了高校实验室安全管理工作坚持"党政同责，一岗双责，齐抓共管，失职追责"原则。

除了安全机制的建立外，高校实验室的参与者也应保持警惕、做好防范，教师们要做好统筹准备，做实验时注意去除易引起危险的不相关物；学生们要注意远离与自己的任务不相关的区域，勿因一时好奇而不小心触碰到危险物品，同时也要注意防火防电。

### 三、财产安全

财产安全是大学生安全教育的一个重要组成部分。财产安全是指金钱财物等合法的物质财富受到法律的保护。财产安全涵盖了多个方面，本书仅就与大学生生活密切相关的几个方面进行分析和讨论。

#### 1. 盗窃

所谓盗窃是指以违法占有为目的，采用规避他人管控的方式，转移而侵占他人财物管控权的行为。大学生活中常见的有现金、笔记本电脑、平板电脑等重要物品被盗，也有外卖、充电宝等小额物品被盗。而偷盗者有社会人员，也有身边的同学。无论是老师还是同学，保护好自己的财产安全，无论是贵重物品还是其他物品，尽量防止被盗是必不可少的（图1-12）。

外出时锁好寝室门，保持警惕，尽量不要让钥匙流出到外面的无关人员手中；外出尽量不要携带过多物品，尤其是现金，如要携带，请放到包中妥善保管。在外保管好自己的物品，不要随处乱放；快递外卖及时取回，存放物品尽量到保卫处或者有人看管的地方，又或者是监控下。如果物品被盗，及时联络保卫处查监控，如果是出校后重要物品被盗要及时报警。

外卖究竟被谁偷了？

图1-12 盗窃物品举例

#### 2. 失物

失物是指在某处不慎遗忘的物品。大学生由于粗心或者忙碌，容易出现失物的情况，这也是财产安全需要防范的一个方面。

大学生应该尽量避免失物的发生，离开某个地方前检查一下私人物品是否携带完整；使用完某物品后及时归还原处；骑车时不要将物品放在容易掉落的口袋里；跑步运动前将物品收纳到包内防止运动过程中遗落等。

如果发现失物，不要慌张，先去咨询学校内的失物招领处，询问是否有人拾到并归还；如果没有，努力回忆可能遗失的地点，请求舍友同学协助寻找；或者利用学校的平台、广播、网络等方式求助。

3. 小额借款

小额借款是指借款金额相对较低的借款行为。在高校的财产安全中表现为同学、老师、朋友之间的互相借钱，以及向某些平台进行小额借贷等行为。

小额借款在大学生活中也比较普遍，例如，朋友因为紧急情况资金不足，向其好友借钱；同学想要购买一件物品或者其他事情临时需要一笔钱向平台借贷等。

如果遇到熟人在网络上借钱，无论显示是舍友、恋人、朋友还是老师，都不要轻信，首先要做的就是核实是否为本人，以免受到诈骗。核实本人后，需慎重考虑借钱，是否影响你自己的日常生活，以及确认对方是否有还钱的能力和诚意，按时还钱不仅能维护自己的财产权益，更是为了防止以后因为小额借钱而引发更大的纠纷。

### 小 贴 士

如必须进行小额借贷，一定要到正规平台进行借贷，无关利息，重要的在于安全。

# 第三节  毒品安全

## 一、毒品的含义

### (一) 毒品的定义

根据《中华人民共和国刑法》第 357 条规定，毒品是指鸦片、海洛因、甲基苯丙胺 (冰毒)、吗啡、大麻、可卡因以及国家规定管制的其他能够使人形成瘾癖的麻醉药品和精神药品。《麻醉药品及精神药品品种目录》中列明了 121 种麻醉药品和 130 种精神药品。根据中国禁毒网权威发布，毒品分为传统毒品、合成毒品和新精神活性物质 (新型毒品)。其中最常见的主要是麻醉药品类中的大麻类、鸦片类和可卡因类。

### (二) 毒品的种类

毒品种类很多，范围很广，分类方法也不尽相同。常见的毒品种类有麻古、海洛因、冰毒、摇头丸等，对人体的危害程度不同。

从毒品的来源看，可分为天然毒品、半合成毒品和合成毒品三大类。天然毒品是直接从毒品原植物中提取的毒品，如鸦片。半合成毒品是由天然毒品与化学物质合成而得，如海洛因。合成毒品是完全用有机合成的方法制造，如苯丙胺类毒品。

从毒品对人中枢神经的作用看，可分为抑制剂、兴奋剂和致幻剂等。抑制剂能抑制中枢神经系统，具有镇静和放松作用，如鸦片类毒品。兴奋剂能刺激中枢神经系统，使人产生兴奋，如苯丙胺类毒品。致幻剂能使人产生幻觉，导致自我歪曲和思维分裂，如麦司卡林。

从毒品的自然属性看，可分为麻醉药品和精神药品。麻醉药品是指对中枢神经有麻醉作用，连续使用易产生身体依赖性的药品，如鸦片类。精神药品是指直接作用于中枢神经系统，使人兴奋或抑制，连续使用能产生依赖性的药品，如苯丙胺类。

从毒品流行的时间顺序看，可分为传统毒品和新型毒品。传统毒品一般指鸦片、海洛因等阿片类的毒品。新型毒品是相对传统毒品而言，主要指冰毒、摇头丸等人工化学合成的致幻剂、兴奋剂类毒品。

### (三) 毒品的危害

毒品是一种严重危害人类健康和社会安宁的物质，已成为国际社会共同面临的公害和挑战。吸食毒品不仅导致吸毒者身心受损，还引发各种违法犯罪活动，给社会治安和公共秩序带来严重威胁。大学生作为国家的未来和希望，如果沾染毒品，将会对个人、家庭、学校和社会造成不可估量的危害。因此，预防和治理大学生吸毒问题，是一项紧迫而重要的任务，需要全社会的关注和重视，需要我们共同努力来落实和推进。

**1. 对个人的危害**

吸毒破坏人的身体健康和心理健康，导致器官功能衰退和损伤，引发多种严重疾病和精神障碍，甚至危及生命。吸毒影响大学生的学习能力和创新能力，使大学生对学习失去兴趣和动力，违反学校的纪律和规章制度，导致学习效率和质量的下降，无法完成学业和实现理想。

**2. 对家庭的危害**

吸毒会导致大学生与家人之间的关系疏远和紧张，影响家庭的温暖和支持，导致家庭的不和谐，并诱发家庭矛盾。吸毒会严重影响家庭的经济状况和生活水平，导致家庭的贫困。同时，吸毒人员给家人带来巨大的心理负担和焦虑，影响家人的身心健康和幸福感。

**3. 对社会的危害**

吸毒人员在购买毒品、交易的过程中与不法分子直接接触和交往，形成社会不安定因素。为了得到毒资，吸毒人员会不择手段地进行违法违纪活动，违背社会道德和法律，影响社会的价值观和风气，严重危害社会环境。

**小贴士**

每年的6月26日是国际禁毒日（International Day Against Drug Abuse and Illicit Trafficking），全称是禁止药物滥用和非法贩运国际日，即国际反毒品日。

1987年6月12日至26日，联合国在维也纳召开由138个国家的3000多名代表参加的麻醉品滥用和非法贩运问题部长级会议，会议提出了"爱生命，不吸毒"的口号。议会代表一致同意将6月26日定为"国际禁毒日"，以引起世界各国对毒品问题的重视，同时号召全球人民共同来解决及宣传毒品问题。

每年的"6.26"国际禁毒日前后，各级政府都会通过报刊、广播、电视、网络等新闻媒介及其他多种形式集中开展禁毒宣传活动。

## 二、毒品预防教育

毒品预防教育是禁毒工作的重要组成部分，旨在通过法律规范、宣传教育、救助康复等措施，提高全民的禁毒意识和能力，防止和减少吸毒现象（图1-13）。

### 1. 法律规范

《中华人民共和国禁毒法》于2007年12月29日由第十届全国人民代表大会常务委员会通过，并于2008年6月1日起施行。该法律是我国第一部专门针对禁毒问题的法律，共八章七十八条，涵盖了禁毒的基本原则，禁毒工作机构，禁毒宣传教育，禁止生产、运输、贩卖、持有、吸食、注射毒品等行为，对吸毒人员的强制隔离戒毒和社区戒毒康复等内容，为我国禁毒工作提供了法律依据和制度保障。

### 2. 宣传教育

禁毒宣传教育是提高全民的法制观念和自我保护意识，普及禁毒知识，营造良好的社会氛围和舆论环境，防止和减少吸毒现象的有效手段。我国在不同层次，以不同形式开展了禁毒宣传教育活动。在学校方面，通过课堂教学、实践活动、主题活动等方式，向学生传授禁毒知识和技能，增强学生的抵制毒品的能力和信心。在社区方面，通过培训讲座、媒体宣传、志愿服务等方式，向不同群体、不同场所进行禁毒宣传教育活动，提高社区居民的禁毒意识和参与度。

### 3. 救助康复

救助康复是帮助吸毒人员戒除毒瘾，恢复身心健康，重返社会的重要内容。我国建立了一批戒毒所、康复中心、社区戒毒康复服务机构等，为吸毒人员提供专业化、规范化、人性化的戒毒康复服务。戒毒所依法对吸毒人员进行强制隔离戒毒，一般为期两年；康复中心依法对吸毒人员进行社区戒毒康复，一般为期三年；社区戒毒康复服务机构依法对吸毒人员进行社区戒毒康复辅助，一般为期五年。

### 4. 重点预防教育

根据《中华人民共和国禁毒法》第二十一条规定，国家对吸食新型毒品、合成毒品等高危险性毒品的人员，以及青少年、妇女、农民工等易受影响群体，实施重点预防教育。国家对边境地区、沿海地区、交通要道等重点地区，实施重点监管措施。加强对重点人群和重点地区的关注和干预，防止和减少吸毒风险。其中，大学生是一个特殊的重点人群，他

图1-13　禁毒漫画（上海市松江区影视艺术家协会绘制）

们处于人生的转折期，面临着学习、就业、恋爱等多方面的压力，容易受到毒品的侵害。因此，针对大学生的禁毒教育应该加强思想引导、心理疏导、行为规范等方面，培养大学生的自尊自信、自强自立、自律自爱等品质，提高大学生的抗拒毒品的能力和意志。

毒品预防教育是一项系统工程，需要法律、教育、社会等多方面的配合和支持，才能有效地防止和减少吸毒现象，维护社会的稳定和进步。

### 三、青春无"毒"

大学生是国家的未来和希望，肩负着实现中华民族伟大复兴的历史使命，为了珍惜自己的青春和健康，为了维护社会的和谐稳定，为了保障国家的安全和发展，大学生应该树立正确的人生观、价值观和世界观，远离毒品，不吸毒、不贩毒、不传播毒品。毒品是人类的公敌，它不仅危害个人的身心健康，还破坏社会的禁毒秩序和环境，威胁国家和民族的繁荣昌盛。

大学生要坚决抵制毒品的诱惑，保持清醒的头脑，做一个有理想、有道德、有文化、有纪律的新时代青年。同时，也要树立禁毒责任和担当，积极参与禁毒工作，争做禁毒宣传员、禁毒志愿者和禁毒监督员。

1. 禁毒宣传员

大学生是社会的一份子，应该利用自己的专业知识和技能，开展各种形式的禁毒宣传教育活动，向身边的同学、朋友、家人普及禁毒知识，提高他们的防范意识和能力，共同营造一个无"毒"的校园和社会环境。

2. 禁毒志愿者

大学生可以加入志愿者组织或者社团，参与禁毒服务或者活动，如开展禁毒讲座、心理咨询、社会调查等；关心和帮助身边有吸毒风险或者已经吸毒的人员，引导他们走出困境，重拾信心和希望。

3. 禁毒监督员

大学生群体可以与学校保卫和公安部门合作，监督校园内外的禁毒情况，及时发现和举报吸毒、贩毒、传播毒品等违法行为；与学校医务室和心理咨询中心合作，及时提供医疗和心理支持给有需要的人员；与校团委和学生会合作，及时反馈和改进禁毒教育方法和效果，维护校园和社会的禁毒秩序和环境，为打击和预防毒品犯罪做出重要贡献。

总之，大学生要树立禁毒责任和担当，既要保护自己不受毒品侵害，也要为禁毒事业尽一份力量。只有这样，才能实现自身的成长和发展，也能为国家和民族的繁荣昌盛做出应有的贡献。

## 第四节　网络安全

### 一、维护网络安全的重要意义

网络安全问题是一个涉及国家安全和国家发展、网络系统和数据信息、网络文化和社会主义核心价值观、广大人民群众的工作生活等多个方面的重要问题。网络安全需要我们从多个层面进行有效的管理和保障,以应对复杂的威胁和挑战,促进网络空间的和平与发展,为建设社会主义现代化强国提供有力的支撑。

### (一) 网络安全事关国家安全和国家发展

网络安全是国家安全的重要组成部分,也是国家发展的重要基础。网络安全涉及国防、外交、政治、经济、社会等各个领域,影响国家的主权、尊严、利益和形象。同时,网络安全面临着复杂的国内国外威胁和挑战,如网络战争、网络恐怖主义、网络间谍活动、网络犯罪等,这些都可能对国家的安全和发展造成严重的损害。因此,网络安全需要加强国家的统筹协调和法律法规的制定和完善,建立健全的网络安全体系和机制,提高网络安全能力和水平,保障国家的网络主权和网络空间秩序。

### (二) 网络安全事关网络系统的正常运行和数据信息的可用性、保密性、完整性

网络系统是信息社会的基础设施,承载着各种数据信息的传输和处理。这些数据信息涉及政务、商务、教育、医疗、科研等多个领域,具有极高的价值和敏感性,例如,个人隐私、商业机密、国家机密等。数据信息的可用性、保密性、完整性决定着数据信息的真实性和有效性。如果网络系统受到偶然或恶意的破坏、泄露、更改,不仅会影响网络服务中断,也会导致信息错误、缺失、混乱。因此,网络安全技术是保障网络系统和数据信息安全的重要手段。

### (三) 网络安全事关网络文化的健康发展和社会主义核心价值观的弘扬

网络文化是现代文化的重要组成部分,也是人们获取知识、交流思想、表达情感的重要渠道。网络文化反映着人们的价值观念和精神追求,也影响着人们的思想行为和道德品质。网络文化需要进行有效的管理和引导,以促进正面力量的发展,抑制负面力量的蔓延。网络安全可以抵制有害的网络文化信息,传播正能量的网络文化精神,促进网络文明和社会文明,培育良好的网络舆论氛围,增强国家文化软实力。网络安全也可以弘扬社会主义核心价值观,激发人们对祖国和民族的热爱,对社会和他人的尊重,对自己和未来的信心。

### (四) 网络安全事关广大人民群众的工作生活

网络安全关系到广大人民群众的切身利益,可以保护人民群众免受网络诈骗、黑客攻击、网络欺凌等侵害,维护人民群众的合法权益。同时,网络安全也关系到广大人民群众的工作效率和生活质量,可以保障人民群众享受便捷高效的网络服务,提高工作效率和生活质量。此外,网络安全还关系到广大人民群众的思想觉悟和道德水准,可以培养人民群众增强网络安全意识和技能,遵守网络法律法规和道德规范,树立正确的网络价值观和行为准则。

## 二、高校中常见的网络安全问题

### (一) 网络成瘾

#### 1. 网络成瘾的概念

网络成瘾(Internet Addiction Disorder, IAD)是指个体反复、过度使用网络导致的一种

精神行为障碍，表现为对使用网络产生强烈欲望，突然停止或减少使用网络时出现烦躁、注意力不集中、睡眠障碍等。网络成瘾是一种非物质成瘾，是一种严重的心理和行为问题。

2. 网络成瘾的危害

(1) 身体健康受损。

网络成瘾者长时间使用电脑或手机，容易导致视力下降、颈椎病、肥胖、腰椎间盘突出等身体问题。

(2) 学习工作受影响。

网络成瘾者过度沉溺于网络游戏或社交媒体，忽视学习工作的重要性，导致成绩下滑、工作效率低下、职业发展受阻等。

(3) 人际关系恶化。

网络成瘾者缺乏现实社交的能力和兴趣，与家人、朋友、同事等的沟通和交流减少，导致孤独、冷漠、隔阂等人际问题。

(4) 心理健康受损。

网络成瘾者不敢面对现实的困难和挑战，情绪低落、悲观、消极，容易出现忧郁症、抑郁症、焦虑等心理问题。

(5) 道德意志弱化。

网络成瘾者沉迷于网络中的虚拟角色和场景，对现实生活缺乏责任感和道德感，容易受到网络中的色情、暴力、赌博等不良信息的诱惑和影响。

3. 网络成瘾的防治

网络成瘾会对大学生的身心健康造成严重的危害，影响他们的学习和生活，网络成瘾的预防和治疗需要多方面的合作，包括学校、家庭、社会和个人。

学校可以开展丰富多彩的校园活动，创造良好的校园文化氛围，让大学生有更多的机会参与到现实生活中，体验不同的乐趣和挑战，增强自信心和社交能力，减少对网络的依赖和沉迷。

家庭可以给予大学生足够的关爱和支持，定期询问学习和生活情况，倾听大学生的想法和感受，给予适当的赞扬和鼓励，帮助大学生解决困难和压力，建立良好的沟通和信任，引导并合理安排时间和使用网络。

社会可以加强网络监管和管理，制定和执行相关的法律法规，打击网络犯罪和不良信息，规范网络内容和服务，提高公众对网络成瘾的认识和防范，建立有效的网络成瘾诊断和治疗机制，提供专业的咨询和帮助。

个人可以增强自身素质和责任感，认清网络成瘾的危害和后果，树立正确的价值观和人生观，培养健康的兴趣爱好和生活方式，积极参与社会活动和人际交往，避免过度依赖网络，学会自我控制和调节。

(二)电信网络诈骗

电信网络诈骗是指利用电话、互联网等通信工具和网络平台，以虚构的事实或者隐瞒真相的方法，骗取他人财物的犯罪行为。其花样繁多，行骗手法日新月异，随着互联网用户的增多以及科技在高校的快速发展，犯罪嫌疑人使用的犯罪工具和网络技术更加科技化、智能化，各类网络诈骗案件数量也呈上升趋势。近年来，电信网络诈骗团队将目标投向了在校大学生，校园逐渐成为电信网络诈骗的重灾区。

1. 网络刷单

网络刷单是指电子商务平台上卖家为了提高自己的商品排名和销量，雇用他人以虚假购买的方式增加交易量和好评度的行为。网络刷单不仅违反了电子商务平台的规则，也损害了其他卖家和消费者的利益，是一种不正当竞争的手段。

网络刷单兼职返利类诈骗是当前电信网络诈骗中变化最快、最具欺骗性的一种类型。该类诈骗主要针对高校学生等群体，通过网页、短信、社交软件、短视频平台等多种渠道发布兼职广告，承诺"足不出户、高额佣金"的回报。诈骗分子会先让受害人在微信群中领取并完成一些简单的任务，如关注账号、点赞评论等，并迅速返还小额佣金，以此建立信任关系。同时，诈骗分子还会在微信群中发布虚假的收入截图，引诱受害人下载并注册虚假的刷单软件。在刷单软件中，诈骗分子会以"充值越多、抢单越多、返利越多"为诱饵，骗取受害人在软件中垫资充值，并显示虚假的账户余额。当受害人想要提现时，诈骗分子会设置各种障碍，如"任务未完成""卡单""操作异常账户被冻结"等借口，拒绝支付本金和佣金，并进一步诱导受害人加大投入。一旦受害人发现被骗，诈骗分子就会立即切断联系，使受害人无法追回损失（图1-14）。

图1-14　谨防网络诈骗

**案例**

2022年5月，湖北咸宁郜某某在微信群内看到"固定底薪、点赞评论返佣金"的信息及二维码。郜某某通过扫码加客服好友，在客服诱导下下载某刷单APP。安装APP后，郜某某在APP内联系上"接待员"，由其指导做刷单任务。最初，"接待员"在郜某某完成评论任务后返了20元佣金到其支付宝账号。郜某某见佣金确实到账了，便根据对方的提示进入APP内任务大厅认购任务单。认购任务单需交纳相应的本金，该平台承诺交纳金额越高，返还佣金越高。郜某某先后完成了5单任务，认购本金100元至1000元不等，每次的佣金都返还至其APP账户，后由郜某某提现到自己的银行卡中，到账速度很快，其进一步放松了警惕。随后，为了获得更多佣金，郜某某开始认购金额更大的复合任务单。此类任务需连续完成多单且中途不能退出，郜某某先后投入总本金达11万元。但当郜某某按要求完成任务后却发现无法提现，便赶快联系"接待员"，对方告知其操作有误造成"卡单"，需要再做一次复合任务才能提现。郜某某此时已觉察被骗，向对方索要本金时发现对方已删除联系方式，且APP已无法登录。

警方提示：网络刷单本身就是违法行为，不要相信网络上"高佣金""先垫付"等兼职刷单的信息。不要被高额报酬所迷惑，更不能抱侥幸心理相信骗子的退款承诺，以免遭遇连环骗局。如遇被骗，要及时报警。

2. 网络购物诈骗

网络购物诈骗是指利用网络平台或者社交软件，以低价商品、退款、充值等为诱饵，骗取消费者的钱财或者个人信息的犯罪行为。

网络购物诈骗的常见套路包括声称退款诈骗，主要表现为冒充网站客服或者卖家，以订单缺失、商品缺货等理由，要求消费者扫描二维码或者点击链接，实际上是盗取消费者的账号、密码或者直接转走钱款；网购游戏装备诈骗，利用社交平台，发布充值、装备、点卡等信息，诱惑消费者上钩，然后以充值不成功、账号被冻结等理由，要求消费者支付保证金或者手续费；低价商品诈骗，利用购物网站平台为依托，虚构低价物品诱使消费者购买，收到钱款后就消失或者发货空包。

大学生防范网络购物诈骗，要提高自身的防范意识，不要随意向不明身份的人通过电话、即时通信设备等泄露自己的个人信息。遇到声称退款的电话或者信息，建议直接拨打购物网站的官方客服热线进行查询举证，不要轻信对方提供的二维码或者链接。网上购物选择信任度高的电商网站，不要随意注册不知名的购物网站。同时，在其他设备登录购物网站，离开时记得退出并清除相关信息。不要贪图便宜，对于价格过低的商品要多加甄别，避免上当受骗。

3. 冒充类诈骗

(1) 冒充社保、医保、银行、电信等工作人员诈骗。

犯罪嫌疑人以社保卡、医保卡、银行卡消费、扣年费、密码泄露、电话欠费等为由，谎称受害人的信息被他人利用从事犯罪，要求受害人给银行卡升级、验资证明清白，并提供所谓的安全账户，诱骗受害人将资金转入犯罪嫌疑人指定的安全账户。

(2) 冒充公检法、邮政工作人员诈骗。

犯罪嫌疑人以法院有传票、邮包内有毒品，涉嫌犯罪、洗黑钱等为由，恐吓受害人说要传唤、逮捕或冻结其名下存款，要求受害人验资证明清白并提供安全账户进行验资，诱骗受害人将资金转入犯罪嫌疑人指定的安全账户。

(3) 冒充熟人诈骗。

犯罪嫌疑人冒充受害人的熟人，在电话中让受害人猜猜他是谁，当受害人说出熟人姓名后即予承认，谎称将来看望受害人。隔日，再打电话编造因赌博、嫖娼、吸毒等被公安机关查获，或以出车祸、生病等急需用钱为由，向受害人借钱并告知汇款账户，达到诈骗目的。

（4）QQ 聊天冒充好友借款诈骗。

犯罪嫌疑人通过种植木马等黑客手段，盗用他人 QQ，并事先和 QQ 使用者进行视频聊天，获取使用者的视频信息，在实施诈骗时播放事先录制的使用者视频，以获取信任。然后给使用者的 QQ 好友发送请求借款信息，进行诈骗。

**案例**

2021 年 6 月 2 日 14 时许，沈阳某高校学生小李（化名）在寝室内接到 0085 开头的电话。对方自称蚂蚁客服，准确说出了小李在某购物平台的订单号和收货地址，紧接着又说小李的快递丢了，可以给他双倍赔款。小李加了蚂蚁客服的 QQ，对方通过语音指导他办理"赔款"。首先，对方要求小李开通支付宝额度 500 元的备用金。小李领取了备用金后，客服却说他多领取了 400 元，要求小李把这多出来的 400 元提现到银行卡，然后退回到客服提供的另外一个银行账户内。这时，客服让小李扫二维码，加了另外一个 QQ 好友——"支付宝在线理赔中心客服"。"支付宝在线理赔中心客服"告诉小李，他的支付宝备用金账户每周将扣除 500 元，连续扣除 6 个月，这让小李一下蒙圈了。恐惧的心理产生之后，必然会寻找"解决"办法。此时，"贴心"的"客服"扮演了救世主的身份："想不被扣款，先证明自己有钱。"客服让小李将自己银行卡的钱转入对方提供的账户，以此证明自己具备偿还能力。小李乖乖地将银行卡内的 20 万元转给对方。"客服"一看钓到了大鱼，继续用话术诱导小李转款。小李随后又将另外一张银行卡内的两万多元转给对方。"客服"又要求他在其他平台贷款，此时，小李才发现有诈，于是报案。

警方提示："00"或"＋"开头的电话几乎全是境外电话，如果身边没有亲朋好友在海外，一律挂断，这种电话不是诈骗就是赌博！拒绝来路不明的境外电话，能有效降低被电信诈骗的风险。公检法机关不会通过电话、微信、视频软件等方式进行办案，也没有所谓的"安全账户"，更不会让你转账汇款。不要与陌生人共享屏幕，通过视频 APP 共享屏幕会泄露个人信息，你在手机上的任何操作，对方都能看见。

### （三）校园贷

#### 1. 常见的校园贷陷阱

校园贷是指一些网络贷款平台针对在校大学生开展的贷款业务，部分还提供较低额度的现金提现。该业务无须任何担保，无须任何资质，只需填写表格，就能贷款几千甚至几万元。据调查，校园消费贷款平台的风控措施不尽相同，部分平台存在学生身份被冒用的风险。放贷人可能利用校园贷诈骗学生的抵押物、保证金，或利用学生的个人信息进行电话诈骗、骗领信用卡。

这些网贷平台在校园内外张贴广告，或通过微信朋友圈、QQ 群等渠道发布广告，以"手续简单，仅需用学生证、身份证就能申请贷款"等虚假宣传诱骗在校大学生。其放款门槛低、额度小，后期通过收取高额手续费、服务费、担保费、罚息、违约金等方式，利滚利，翻倍速度极快，使借款人难以偿还。

更严重的是他们的催债方式。若按正常的法律程序，对于不能按期还款的借款者，放贷者只能到法院起诉，胜诉之后再申请法院强制执行，从而追回全部或部分欠款，不会威胁到借款者的人身自由和安全，更不存在让大学生的父母代为偿还、让大学生无法毕业等问题。但实际上，这些网贷平台采取的催款方式，往往是各种骚扰、胁迫、跟踪、盯梢、非法拘禁甚至更加极端的手段，迫使借款者不得不东奔西走举新债还旧债，极大地威胁到了借款者的人身自由和安全。

### 2. 校园贷的防范

大学生防范校园贷，要树立正确的消费观，理智消费，不攀比。要根据自身的经济状况和消费需求，制定合理的消费预算，不受虚荣心或从众心理的影响，避免盲目消费。

不听信任何校园贷的宣传，坚决拒绝 APP 贷款。要保持警惕和清醒，不相信各种网络平台、社交媒体、短信等渠道传播的校园贷广告，不轻信所谓的"低利率、无抵押、无审核"等虚假宣传，不随意下载或注册 APP 贷款软件，不向任何非正规金融机构提供个人信息或签订合同。

妥善保管好自己的身份证、银行卡、学生证等重要个人证件，不将其借给他人或用于他人的贷款申请，不为了帮助朋友而成为担保人或共同借款人，以免被骗取或盗用个人信息，造成经济损失或法律纠纷。

贷款一定要到正规金融机构，通过合法的渠道和方式进行贷款申请，如银行、信用社、学生资助中心等，不要通过非法的中介机构或个人进行贷款交易，不要接受高利贷或暴力催收等违法行为。

加强防范意识，识别出"校园贷"中的陷阱，增强自我保护和风险防范能力，学习相关的金融知识和法律知识，了解校园贷的本质和危害，警惕校园贷中可能存在的各种隐性收费、变相加息、恶意违约、暴力催收等陷阱和风险。

### (四) 网络暴力

#### 1. 常见的网络暴力形式

网络暴力是社会暴力在网络空间的延伸，是指网民利用互联网平台或工具，对他人进行各种形式的侵犯和伤害，包括人身攻击、诽谤、威胁、恐吓等，从而给受害者造成心理或身体的损伤。网络暴力的表现形式多样，主要有以下几种：

（1）伪道德批判。这是一种由"键盘侠"发起或参与的网络暴力，以道德为借口，进行人肉搜索、隐私曝光、舆论谴责等行为，常以正义和道德的名义，对当事人进行不公正和不合理的审判和处罚，严重侵犯了当事人的名誉权和隐私权。

（2）谣言传播。这是一种由网络谣言制造者或传播者发起或参与的网络暴力，以虚假或歪曲的信息为内容，进行故意制造、散布或转发等行为，常以事实和真相为幌子，对当事人进行诋毁和抹黑，或者引发社会恐慌和不安，严重影响了当事人的社会信誉和公共秩序。

（3）语言侮辱。这是一种由"网络喷子"发起或参与的网络暴力，以文字或语音为载体，进行辱骂、挑衅、嘲讽、恐吓等行为，常以言论自由为借口，对当事人进行人身攻击和精神折磨，严重损害了当事人的尊严和自尊。

（4）图像羞辱。这是一种由网络恶搞者或调侃者发起或参与的网络暴力，以图片或视频为媒介，进行色情、暴力、恶搞等行为，常以创意和幽默为理由，对当事人进行羞辱和讽刺，严重侵犯了当事人的形象和品味。

以上常见的网络暴力形式都可以被视为一种网络霸凌（cyberbullying），即在网络上对他人进行持续性、有意识的伤害行为。网络霸凌不仅会给受害者带来巨大的心理压力和困扰，还可能导致受害者出现自卑、抑郁、自杀等严重后果。

### 2. 网络暴力的防范

大学生经常使用互联网进行学习、交流、娱乐等活动，已经成为网络暴力的高发群体，既可能是网络暴力的受害者，也可能是网络暴力的施加者，面临着各种压力和挑战，容易受到网络暴力的影响。因此，大学生群体应该采取措施来防范网络暴力。

（1）增强自我保护意识。大学生应该认识到网络暴力的危害性和普遍性，不要轻信或参与网络谣言、人肉搜索、伪道德批判等行为，也不要轻易透露自己的个人信息、隐私和观点，以免引起不必要的麻烦和冲突。同时，大学生要学会保护自己的网络安全和隐私，使用合法合规的网络平台和工具，避免点击不明来源的链接或下载不安全的软件。

（2）提高自我修养水平。大学生应该尊重他人的权利和尊严，不要在网络上进行语言侮辱、图像羞辱、谣言传播等行为，也不要对他人的不同观点和选择进行攻击和嘲讽，而是应该用理性和文明的方式进行交流和沟通。同时，大学生要培养自己的批判性思维和判断能力，不要盲目跟风或被误导，要有自己的独立思考和创新精神。

（3）寻求有效的帮助渠道。如果大学生遭遇了网络暴力，不要自己承受或逃避，应该及时向有关部门或机构报告和投诉，寻求法律和心理机构的支持和保护。例如，可以向校方、公安机关、网信部门等反映情况，并提供相关证据；也可以向心理咨询中心、心理热线电话等寻求专业的辅导和治疗。同时，也可以向亲友或老师倾诉和求助，寻求情感上的安慰和鼓励。

（4）培养健康的心态和习惯。大学生应该正确看待网络暴力，不要过分在意或影响自己的正常生活和学习，应该积极面对和解决问题。同时，也要注意调节自己的情绪和压力，适当减少上网时间，多参与一些有益身心的活动，以增强自己的抵抗力和适应力。

## 三、大学生网络安全教育

网络安全是国家安全和社会稳定的重要组成部分，也是大学生学习和生活的必要条件。大学生作为网络的主要使用者和受益者，不仅要享受网络带来的便利和乐趣，也要承担网络的责任和义务，积极参与网络的建设和维护，保障网络的安全和健康。

### （一）培养网络安全意识

网络安全意识是预防和应对网络风险的第一道防线，也是保护个人和他人利益的基本素质。大学生要增强网络安全意识，警惕网络信息的真实性和可信度，谨慎处理网络链接和附件，保护个人隐私和数据安全，抵制网络违法犯罪和侵权行为，维护网络公序良俗，拒绝网络谣言和非法软件，规避网络不良信息和诱惑。

### （二）提升网络安全素养

网络安全素养是应对和解决网络问题的有效手段，也是提高个人和社会效率的重要能力。大学生要提升网络安全素养，学习网络安全知识和技能，如设置复杂密码，使用合法软件，安装防护软件，及时更新系统和程序，备份重要文件，清理无用文件等。大学生作为国家的未来和希望，也是网络安全的重要力量。大学生要提高自身的网络安全水平，积极参与网络安全教育和培训，掌握网络安全原理和方法，为国家的网络安全建设和发展贡献自己的智慧和力量。

### (三)树立网络安全观念

网络安全观念是指导和规范网络行为的价值取向，也是形成和发展个人品德的重要因素。大学生要树立正确的网络安全观念，积极接受专家和老师的指导和建议，关注网络安全的最新动态和案例，了解并遵守网络安全的法律法规和道德规范，培养合理的网络价值观和消费观。

### (四)传播网络安全文化

网络安全文化是反映和塑造社会风尚的精神产品，也是促进社会进步的文化资源。大学生要传播积极健康的网络安全文化，利用各种网络平台和社交媒体宣传推广网络安全的重要性，倡导文明理性的网络行为和习惯，抵制低俗恶劣的网络风气和现象。大学生作为网络文化的创造者和传播者，要提高自身的文化修养，选择有益有趣的网络文化内容，抵制有害有毒的网络文化信息，传播正能量正义感的网络文化精神，促进社会主义核心价值观在网上落地生根。

### 思 考 题

1.请问你在学习和生活中曾经遇到过因为缺乏心理安全而导致的问题或困难吗？是怎样解决的？

2.大学生如何保护自己的个人信息、银行卡、网络账号等被泄露、盗用、盗刷？

3.吸毒会给个人、家庭和社会带来哪些危害和损失？如何有效地做好毒品预防教育？

4.网络安全对个人、学校和社会有哪些重要意义？如何提高网络安全意识和能力？

5.如何培养同学们安全教育的责任感、自我保护能力和危机应对能力？

# 第二章　自然灾害的防范与应对

✎**本章学习目标**

- ◆ 了解常见自然灾害的种类。
- ◆ 掌握常见自然灾害的防范措施。
- ◆ 具备应对常见自然灾害的基本能力。

## 第一节　暴雨洪涝灾害

暴雨洪涝灾害是指由于长时间降水过多，或者地区性持续大雨（日降水量25.0～49.9毫米）、暴雨（日降水量达到50.0毫米及以上）以及局部性短时强降水引起江河洪水泛滥，引发地质灾害，造成人员伤亡、相关资源或设施损害的一种灾害（图2-1）。

图2-1　暴雨洪水现象

### 一、暴雨洪涝灾害的防范措施

1. 关注天气预报

出门前，特别是汛期，应及时关注当地的气象预报（图2-2）。

图2-2　关注汛期天气预报

及时了解当地的天气情况，若有暴雨，则尽量不出门。

若有必要出门时，不到可能有暴雨或洪水发生的地区去（图2-3）。

图2-3　洪水发生的区域

2. 及时安全转移

遭遇洪水威胁时，应及时关注相关部门发布的洪水灾害预警信息，包括转移方式、转移路线和安置地点等，按照预定路线，有组织、有秩序地向山坡、高地等高处转移（图2-4）。

图2-4　遭遇洪水及时转移

在已经受到洪水包围、措手不及的情况下，要尽可能利用船只、木排、门板、木床、大盆等做水上转移。

案 例

### 广西桂林一高校学生被洪水围困，多部门紧急救援

受上游强降雨影响，7月2日傍晚，广西漓江支流相思江水位猛涨，河水倒灌导致位于江边的桂林旅游学院发生内涝，5000多名学生被困。灾情发生后，学校立即启动应急预案，消防、海事等相关部门参与救援（图2-5、图2-6）。

图 2-5  救援人员用充气艇将受困学生转移到安全地带

图 2-6  救援人员用铲车将受困学生转移到安全地带

资料来源：2017 年 7 月 3 日新华社（李绚丽　摄）

3. 做好应急准备

在室内避水时，应在室内进水前，用沙袋筑堤（图 2-7），并及时切断电源（图 2-8），以防触电。

图 2-7  用沙袋筑堤

图 2-8  及时切断电源

若准备在原地避水，应当充分利用条件，准备必要的饮用水、食物、医药、通信和取火设备等（图 2-9），将衣被等御寒物放置至高处保存。

图2-9 应急物资示例

收集木盆、木块、泡沫板等有浮力的物品捆绑扎成筏，在水还没上来时上筏。

**小 贴 士**

### 暴雨预警信号

暴雨蓝色预警是12小时内降雨量将达50毫米以上，或者已达50毫米以上且降雨可能持续。

暴雨黄色预警是6小时内降雨量将达50毫米以上，或者已达50毫米以上且降雨可能持续。

暴雨橙色预警是3小时内降雨量将达50毫米以上，或者已达50毫米以上且降雨可能持续。

暴雨红色预警是3小时内降雨量将达100毫米以上，或者已达100毫米以上且降雨可能持续。

## 二、暴雨洪涝灾害的应对措施

### (一)下暴雨时的应对措施

(1) 下雨时，要密切注意观察下雨量的变化，关闭门窗。

(2) 屋内一旦进水，应立即切断电源，关闭煤气阀门。

（3）不在下暴雨时骑行（自行车、电动车），以防滑摔（图2-10）。

图2-10　避免下暴雨时骑行

（4）若必须外出时，应绕开积水严重的路段，应避免路灯、高压电线、变压站等电线集中的路段，应远离建筑工地的临时围墙以及建在山坡上的围墙。

（5）外出时，应警惕可能有窨井、坑洼不平的地段。若发现路面有旋涡，一定要绕行（图2-11）。

图2-11　步行谨慎绕行有旋涡处

（6）驾车出行前，要检查车况（发动机、制动器、雨刮器等），发现问题及时排除（图2-12）。

图2-12　行车前检查

（7）行车时要减速慢行，保持车距；能见度低时，应打开防雾灯（图2-13）。

图2-13 减速慢行

(8) 若车辆在积水处熄火，千万不要在车里等候，应下车撤到高处等待救援。

(9) 要注意防范由于暴雨引发的洪水等灾害。

(10) 若在户外活动时，发现流水湍急、浑浊并夹杂泥沙和腐烂树木，这是洪水暴发的先兆，应迅速远离低洼、溪谷、河道。

(11) 下雨时，不要逗留在河道休息，尤其是下游；应迅速离开河道，往两岸高地走。

(12) 不要尝试涉过水深已超过膝盖的低洼处、溪流、河道；切勿尝试越过已被河水盖过的桥梁，应迅速离开河道。

### (二)洪水来袭时的应对措施

(1) 要选取合宜的地方避险。

(2) 要将现存的水、食物、药品、火种以及必需品保管好，做好1～2日的待救准备。

(3) 在等待救援时，要节约饮食，注意饮食清洁。

(4) 尽量往高处走，到楼房的高处或其他远离洪道的地方避险。

(5) 应尽快离开易受洪水淹没的地区，必要时应弃物向高处转移。

(6) 不要爬到泥坯墙的屋顶。

(7) 不要攀登、触摸和接近高压线铁塔、电线杆等。

(8) 要避开洪道，爬上高树也可暂避危险。

(9) 若想节省体力，可以用绳子、衣物等将自己与烟囱、柱子、树木等固定物绑在一起，避免被洪水冲走。

(10) 不到万不得已不下水。

### (三)落水时的应对措施

(1) 落水后，应就近抓住身边漂浮的物品，如桌椅、箱柜、塑料桶、木板等。

(2) 在水中，要提高警惕，防范其他危险，如蛇虫、电线或其他尖锐漂浮物。

(3) 若不幸掉进湍急的洪水里，应抓住随洪水冲来的大树木，或抓紧岸边的石块、树木或藤蔓，设法爬回岸边后等待救援。

(4) 若有多人在一起，落水时要互帮互助，团结一致，积极主动寻求生机。

(5) 若遇洪水要过河时，应沿河岸行走，寻找有桥梁的地方过河。

（6）若找不到桥梁，选择河岸较直、河面较宽、水流不急、水深在膝盖以下的河段过河。

（7）若水已齐腰，在水中行走时有可能会导致倾倒，此时切不可涉水，必须有可扶的绳索或固定物体才可过河。

### （四）洪水过后的应对措施

（1）应服用预防流行病的药物。不喝生水，只喝处理过的干净水（图2-14）。不吃被洪水浸泡过的食物，不吃被淹死病死的禽畜及水产品，预防肠道传染病（图2-15）。

图2-14　不喝生水　　　　　　图2-15　不吃被淹死的水产品

（2）做好防疫消毒工作，避免发生传染病。注意个人卫生，不与他人共用卫生用品。保持皮肤清洁干爽，预防皮肤病。不乱扔垃圾，彻底清理环境，进行消毒。做好防蚊蝇、防鼠灭鼠工作，预防虫媒传染病（图2-16）。

图2-16　做好消毒防疫工作

（3）若出现发热、腹泻、呕吐、皮疹等症状，应尽快就医，防止传染病暴发流行。在血吸虫病流行区，尽量不要接触疫水。若必须接触疫水时，应穿戴防护用品，如胶靴、胶裤、胶手套等。接触疫水后应主动到防疫部门进行检查，若发现感染，应尽快就医进行治疗。

（4）洪水过后，要谨防路段塌方，应绕道而行（图2-17）。

图2-17　路段塌方

# 第二节　高温灾害

高温灾害是指由于高温天气引发中暑、热射病等疾病造成人员伤亡、动植物损害的一种灾害。

日最高气温等于或高于35℃为高温日，日最高气温等于或高于38℃为酷暑日，连续出现3天以上（包括3天）等于或高于35℃或连续2天出现等于或高于35℃并有一天等于或高于38℃为高温热浪。

**小 贴 士**

高温预警信号

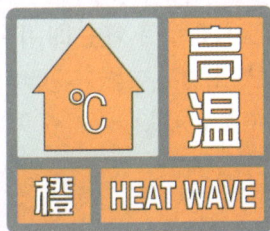

高温黄色预警是连续三天日最高气温将在35℃以上。　　高温橙色预警是24小时内最高气温将升至37℃以上。

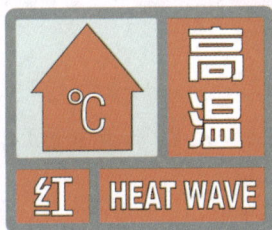

高温红色预警是24小时内最高气温将升至40℃以上。

## 一、高温灾害的防范措施

（1）当日最高气温高于30℃时，人体感觉不太舒适，不利于开展户外活动。

（2）当日最高气温等于或高于35℃时，可能会引起中暑，应加强防护，防暑降温。

（3）当日最高气温等于或高于38℃时，应停止户外活动，防暑降温。

（4）高温天气应及时补充水分，保持充足睡眠。

（5）必要时应暂停户外需要消耗大量体力的工作。

（6）谨防用电量过高，谨防用电设备因电力负荷过大引发火灾。

## 二、高温灾害的应对措施

（1）高温天气时，在户外活动要注意遮阳防晒（图2-18）。

图2-18　户外遮阳防晒

（2）高温天气时，应减少户外活动或室内大型聚会。

（3）高温天气时，室内空调温度不要过低，要保持室内通风。

（4）高温天气时，若室内无空调，可用其他降温方法，如向地面洒水、放置冰块等。

（5）浑身大汗时，不宜立即用冷水洗澡。应先擦干汗水，稍事休息后，再用温水洗澡。

（6）必须外出时，要做好防晒工作，每隔两小时涂抹一次防晒霜，要打遮阳伞、穿浅色衣服、戴太阳镜和宽檐帽等，避免阳光暴晒头部，并适量饮水（图2-19）。

图2-19　出门做好防晒工作

（7）天热时，外出赶乘车船，要预留足够的时间，不要太匆忙。

（8）外出时，随身携带防暑药品，如清凉油、风油精、人丹等，以备不时之需。

（9）天热时，要注意补充水分，补充电解质，多喝温水，不可过度饮用冷饮或含酒精的饮料（图2-20）。

图2-20　冷饮

### 三、中暑时的应急处理

1. 轻症中暑者的应急处理

应及时将中暑者转移至阴凉通风处或空调室内休息，使其平卧，上身稍微垫高，松解衣扣及裤带，饮用含盐饮料，也可服用人丹、藿香正气水等药物。

2. 重症中暑者的应急处理

应及时为中暑者冷敷降温。把毛巾在微温水中浸湿，敷在病人额头、胸腹及四肢上，每3～4分钟更换一次。可用冷水或浓度为30%的酒精擦试身体。若病人出现昏迷不醒，可掐其人中，进行人工呼吸或胸外心脏按压，并及时送医院救治。

# 第三节　寒潮灾害

寒潮灾害是指因强冷空气带来的气温骤降，同时伴有大风、暴雪等造成的灾害。

寒潮是自极地或寒带向较低纬度侵袭的强冷空气活动。寒潮来袭时，会导致气温骤降，有时会降至零下30℃左右，且当日最低温度下降到4℃或以下，同时会伴有大风、暴雪等，造成霜冻、冻害，引发交通事故，危害人体健康。

**小 贴 士**

寒潮预警信号

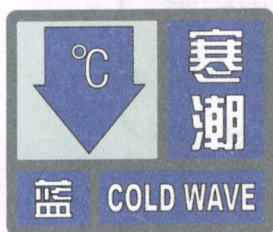

寒潮蓝色预警是24小时内最低气温将下降8℃以上，最低气温小于或等于4℃，平均风力达5级以上，并可能持续。

寒潮黄色预警是24小时内最低气温将下降10℃以上，最低气温小于或等于4℃，平均风力达6级以上，并可能持续。

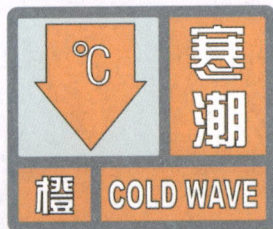

寒潮橙色预警是24小时内最低气温将下降12℃以上，最低气温小于或等于0℃，平均风力达6级以上，并可能持续。

寒潮红色预警是24小时内最低气温将下降16℃以上，最低气温小于或等于0℃，平均风力达6级以上，并可能持续。

## 一、寒潮灾害的防范措施

（1）关注天气预报，及时了解天气变化情况。

（2）遭遇寒潮时，尽量留在室内，注意保暖，特别是头和手的保暖。皮肤尽量不要外露，戴上帽子、口罩、手套等保暖用品，并保持脸、耳、鼻、手等裸露部位的滋润和防冻（图2-21）。

图2-21　采取保暖措施

（3）关好门窗，坚固室外搭建物。

（4）谨防煤气中毒，尤其是采用煤炉、炭火取暖的地方（图2-22）。

图2-22　炭火产生煤气中毒

（5）避免过度劳累。勿在饥饿和疲劳状态下在户外长时间逗留。

（6）减少户外活动，或取消户外活动。

（7）若在风雪中行进，当心路滑，谨防跌倒。

（8）若在郊外，应辨明方向，以免迷路。

（9）若在高海拔地区，应佩戴护目镜，防止发生雪盲。

（10）不夜间开车，不单独驾驶，不疲劳驾驶。

（11）若要开车外出，在风雪中行车时，应安装防滑链，各种操作要柔和，缓慢起步和行驶，并做好防冻工作。

（12）必要时应临时封闭道路交通，及时清除道路积冰积雪（图2-23）。

图2-23　及时清除道路积雪

## 二、冰面活动时的应对措施

（1）在冰雪地带活动时，应穿防滑鞋。

（2）水面冰层至少要13～15厘米厚才比较安全。

（3）初冬水面刚结冰或初春温度回暖时，要注意冰层的变化，以防冰面塌陷落水。

（4）发现冰面有开裂现象时，应马上离开（图2-24）。

图2-24　冰面开裂

（5）若不慎落入冰窟，除呼救外，应张开双手，把手掌放在冰面上，将胸部贴在冰面上慢慢往外爬，爬出冰窟后不要马上站立，应继续慢慢爬行，直至到达安全地带。

（6）施救者不得靠近冰窟，以防冰面继续塌陷，应在离冰窟较远距离的冰层上趴卧，将绳索、救生圈、竹竿等工具探入冰窟，再将落水者拽上来。

## 三、风雪中的应对措施

（1）停止户外活动，尽量留在室内。

（2）注意防寒保暖，关好门窗，加固室外搭建物。

（3）需要外出时，应注意添衣保暖，并配戴帽子、围巾和手套。

（4）步行外出时，要当心滑倒，应穿上防滑鞋，小心来往车辆。

（5）骑车出行时，要给轮胎放点气，以增加轮胎的摩擦力，应在有干雪或湿雪的路面上骑行。

（6）开车出行时，应清除车上的积雪，检查车况（如车灯、刹车、方向盘、胎压等），汽车应换上雪地胎，预备防滑链和雪铲，减速慢行（图2-25）。

图2-25　出行前检查车况

（7）雪天开车时，即使是白天，也应打开近光灯。若天气恶劣，应把前后雾灯都打开。

（8）车辆打滑时，应稳踩刹车，稳住方向盘。千万别急打方向盘，或猛踩刹车。

## 四、冻伤的应对措施

（1）若有冻伤，应使患者尽快脱离寒冷环境，迅速脱去寒冷潮湿的衣物，进行保暖，并多方面补给热量。抬高冻伤处以减少肿痛，用温水或施救者的体温使冻伤处温暖至恢复血色。

（2）轻度冻伤可用冻伤膏缓解，重度冻伤切忌火烤、热水烫、摩擦及按摩冻伤部位，应将受冻部位浸入40～42℃的温水中复温，使冻结处软化，然后尽快送医院治疗。

# 第四节　风沙灾害

风沙灾害是指因台风、暴风、飓风、龙卷风、沙尘天气而造成的人员伤亡、房屋破坏、车船受损、树木植被遭破坏、通信电力设施损坏的一种灾害。

风沙灾害突发性强，破坏力大，是严重的自然灾害之一。如龙卷风的直径平均为200～300米。龙卷风多发生在夏秋季的雷雨天，尤以午后至傍晚最多见（图2-26）。

图2-26　台风和龙卷风天气

## 风力等级划分及影响

一、按风力的大小划分

可分为无风、软风、轻风、微风、和风、劲风、强风、疾风、大风、烈风、狂风、暴风和飓风。

二、按风速划分

可分为零级到十二级。风速每秒0.2米以下的风是零级风，风速每秒32.6米以上的风是十二级风。

微风相当于2级风，风速为2～3米/秒，旗帜微微飘动，草微动，细树枝微动。

和风相当于3～4级风，风速为4～7米/秒，旗帜展开并飘动，草不停地摆动，细树枝晃动。

强风相当于5～6级风，风速为8～12米/秒，旗帜刮成水平并哗哗作响，草倒于地面，粗树枝摇动。

7～8级大风，主要破坏农作物，对工程设施一般不会造成破坏。

9～11级大风，除破坏农作物、林木外，对工程设施可造成不同程度的破坏，例如暴风、台风、飓风。

12级及以上大风，除破坏农作物、林木外，对工程设施和车船等可造成严重破坏，并严重威胁人员生命安全，例如飓风、龙卷风。

当风速达到7级(13.9～17.1米/秒)时，户外活动就会受限。

当风速达到9级(20.8～24.4米/秒)以上时，户外活动就不安全。

沙尘天气是指强风从地面卷起大量尘沙，使空气混浊，水平能见度明显下降的一种天气现象。按照其影响程度，由轻到重，可分为浮尘、扬沙、沙尘暴、强沙尘暴和特强沙尘暴。

沙尘天气会造成空气质量下降，污染自然环境，破坏农作物生长，严重影响人们日常生活，严重时会造成人畜伤亡。一旦收到气象部门发布的沙尘暴预警，应及时采取防范措施，减少沙尘带来的不利影响。

## 沙尘天气的等级划分

浮尘：无风或微风，空气浑浊，能见度小于10公里。

扬沙：有风，空气相当浑浊，能见度1～10公里。

沙尘暴：强风，空气很浑浊，能见度小于1公里。

强沙尘暴：大风，空气浑浊不堪，能见度小于500米。

特强沙尘暴：狂风，空气特别浑浊，能见度小于50米。

## 一、风沙灾害的防范措施

（1）关注天气预报，可以通过各种媒体及时了解当地的天气预报信息，尽早掌握风向动态。

（2）在收不到天气预报的地方，可以通过一些常识来预测风害，如"跑马云，台风临""无风起长浪，不久狂风降"等。

（3）要弄清楚自己所处的区域是否为大风要袭击的危险区域。

（4）面对风沙灾害，减少损失的最好办法就是提前转移到安全的地方。要了解安全撤离的路径，避风场所的位置，不在危险地带活动。

（5）尽量少外出，留在防风、防尘处，不要在户外活动（图2-27）。

图2-27　大风吹倒大树和扬起风沙

（6）清理窗台上的杂物，加固空调室外机。

（7）关好门窗，迎风面加装防风板或用大胶带"米"字型粘贴玻璃，以防玻璃破碎，并加固室外搭建物。

（8）检查电力设施、家用电器、燃气设备，防止漏电走火。

（9）保养好可用的交通工具，打好气，充足电，加足油，以备紧急转移。

（10）检查应对措施是否完善，要准备充足的应急食品，饮用水和药品，预备手电筒、蜡烛、充电宝等，及时做好防御准备（图2-28）。

图2-28　防风沙应急物资示例

（11）车船要提前进入车库、返回港口或港湾避险。船只若来不及返航，应登陆最近的岛屿。

（12）加强环境保护，恢复植被，防止土地进一步沙化。

## 二、风沙灾害的应对措施

### （一）风灾的应对措施

（1）遭遇台风、龙卷风时，应切断电源，关好煤气。

（2）最好躲在地下室、防空洞或没有窗户的房间，高层居民尽量躲在高楼底层。

（3）若无法撤离至安全场所，可就近选择在空间较小的室内躲避，如橱柜、卫生间。避开门、窗、房子的外墙，裹上厚实的床垫、棉被或毛毯，面向墙壁抱头蹲下，防止被玻璃或窗外飞来的物体伤害。

（4）若处于危险房屋和活动房屋，应跑出房屋，到室外寻找一些相对结实的建筑物作为掩体避险。

（5）确需外出时，不要在水域附近逗留，不要在桥上行走，不要靠近或触摸倒在地上的电线。应尽量远离大树、棚架、电线杆和铁塔，不要在高墙、广告牌及居民楼下行走，以免高空坠物伤人。

（6）若在街上遭遇大风，可就近到商店、饭店等公共场所暂避。

（7）若大风伴有雨时，徒步者可选择雨衣作雨具，应少使用雨伞。

（8）骑车者应下车步行，以免失去控制。

（9）开车者应减速慢行，注意加强观察，并避免将车辆停放在低地、桥梁、路肩及树下，以防淹水、塌方或压损。

（10）若在旷野遭遇龙卷风，可向与龙卷风前进路线垂直的方向快跑。若来不及逃离，可迅速找到低洼地趴下，闭嘴闭眼，用双臂护住头部。

**小贴士**

大风预警信号

大风蓝色预警是24小时内可能受大风影响，平均风力可达6级以上，或者阵风7级以上；或者已经受大风影响，平均风力为6~7级或者阵风7~8级，并可能持续。

大风黄色预警是12小时内可能受大风影响，平均风力可达8级以上，或者阵风9级以上；或者已经受大风影响，平均风力为8~9级或者阵风9~10级，并可能持续。

大风橙色预警是6小时内可能受大风影响，平均风力可达10级以上，或者阵风11级以上；或者已经受大风影响，平均风力为10～11级或者阵风11～12级，并可能持续。

大风红色预警是6小时内可能受大风影响，平均风力可达12级以上，或者阵风13级以上；或者已经受大风影响，平均风力为12级以上或者阵风13级以上，并可能持续。

### （二）沙尘暴的应对措施

（1）在沙尘暴天气，应暂停户外活动，要快速躲避到室内，或就近蹲靠在能避风沙的矮墙内侧，或趴在高坡背风处，或抓住牢固物体。

（2）年老体弱、孕妇、少年儿童、患有呼吸系统疾病及心血管疾病的人群是敏感人群，沙尘天气时应尽量避免外出。

（3）需要外出时，应佩戴口罩和防护眼镜，用纱巾罩住面部，并将衣领和袖口系好。还可穿上雨衣遮蔽风沙。

（4）机动车、非机动车都要减速慢行，密切注意路况，谨慎驾驶。

（5）开车出行时，应打开车灯，汽车空调不使用外循环。

（6）停车时，应远离树木、广告牌、栅栏等物体，以免被坠物砸到。

（7）回家后，应及时更换外衣，清洗面部和鼻腔。

（8）在室内，可采用洒水、开加湿器、用湿布拖地等方法除尘，增加湿度。

（9）不要购买露天食品。

（10）及时补充水分，应多喝水、多饮用果汁、汤类、粥类流质食品（图2-29）。

图2-29　流质食品

（11）学校、单位应采取暂避措施，必要时须停课、停业。

（12）若发生慢性咳嗽伴咳痰或气短、发作性喘憋及胸痛时，须尽快就医。

沙尘暴预警信号

沙尘暴黄色预警是24小时内可能出现沙尘暴天气，能见度小于1000米，或已经出现沙尘暴天气并可能持续。

沙尘暴橙色预警是6小时内可能出现强沙尘暴天气，能见度小于500米，或已经出现沙尘暴天气并可能持续。

沙尘暴红色预警是6小时内可能出现特强沙尘暴天气，能见度小于50米，或已经出现沙尘暴天气并可能持续。

# 第五节　雷电灾害

雷电灾害是指因大气自然放电，产生瞬时高压和巨大电流，而导致人畜伤亡、火灾，致使通信电力系统和其他电子信息系统故障或失效，而造成的灾害事故（图2-30）。

图2-30　雷电现象

## 一、雷电灾害的防范措施

### (一)设置避雷装置，加强防雷宣传

(1) 在雷雨季节来临前，应对防雷设施设备进行检测维修，保证其完好有效。

（2）应加大防雷减灾的宣传，提高民众的防雷安全意识。

（3）建筑物、古树名木等要装设避雷网、避雷带或避雷针（图2-31）。

图2-31　安装避雷设施

（4）空旷区域还可设置避雷塔、避雷亭，以便在遭遇雷雨时，能有紧急避难场所。

（5）家用电器可以安装防雷器（图2-32）。

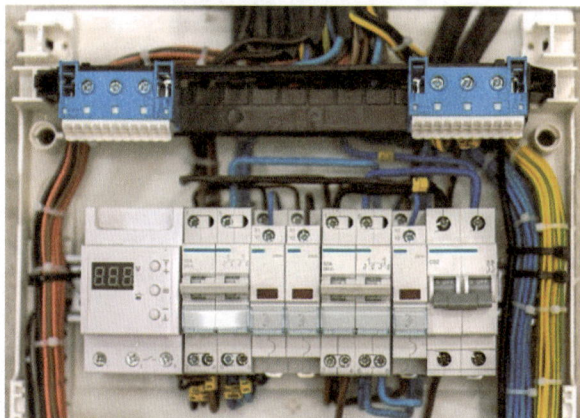

图2-32　安装防雷器

（6）防雷引下线和接地装置要安装在人们不易走近或接触到的地方。

## （二）避开易遭雷击的场所

（1）雷电通常会击中户外最高的物体，如建筑物的顶部、山顶山脊等制高点。

（2）空旷的地方易遭雷击，如停车场、运动场、田野、水域等。

（3）特别潮湿的地方经常发生雷击，如河床、池沼、盐地、苇塘、地下水出口处等。

（4）无避雷设备的物体附近易遭雷击，如孤立的大树、树林边缘、烟囱、电线杆、旗杆、草垛、小船、屋棚等。

（5）外露的金属物易遭雷击，如金属伞柄、球拍、煤气管、电力设备、铁轨、金属栏杆或其他的金属物体近旁。

雷电预警信号

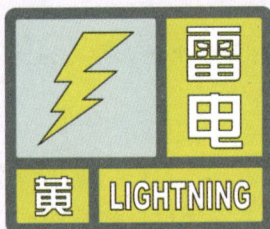

雷电黄色预警是6小时内可能发生雷电活动，可能会造成雷电灾害事故。

雷电橙色预警是2小时内发生雷电活动的可能性很大，或者已经受雷电活动影响，且可能持续，出现雷电灾害事故的可能性比较大。

雷电红色预警是2小时内发生雷电活动的可能性非常大，或者已经有强烈的雷电活动发生，且可能持续，出现雷电灾害事故的可能性非常大。

## 二、雷电灾害的应对措施

### (一)室内防雷措施

(1)遇到雷雨天气，应关闭门窗，防止因湿度大而引起导电现象。

(2)应切断室内电器电源，拔掉电话插头，不要打手机、固定电话，不使用各类电器。

(3)房间的正中央较为安全，远离电线、电话线等线路，远离金属门窗、金属幕墙。

(4)不要倚靠在柱子、墙壁边及门窗边，以避免打雷时产生的感应电导致触电意外。

(5)不要洗澡、不要触碰金属管道(水管、暖气管、煤气管等)及各种带电装置。

### (二)室外防雷措施

(1)遇到雷电天气，应立即停止户外活动，要尽快寻找可躲避雷击的地方，靠近有避雷装置的建筑物。

(2)在户外，应避免众人聚集在一起，无论是运动的还是静止的人群，都应拉开几米的距离，不要挤在一起，也不要牵着手靠在一起，以防电流互相传导。

(3)要避免接触所有的金属物件。不要将金属用具(如高尔夫球杆、羽毛球拍等)扛在肩上，也不要使用带有金属尖端的雨伞。

（4）可躲进有金属壳体的车辆或船舶（法拉第笼）中。

小 贴 士

**法拉第笼**

法拉第笼是指利用静电屏蔽原理，有效地隔绝笼体内外的电场和电磁波干扰，使在笼中的人不被雷电击中。

（5）不要靠近烟囱、铁塔、电线杆、铁轨、长金属栏杆等高大物体或金属物体。

（6）游泳者以及在江、河、湖、塘等水面附近活动的人，要尽快远离水边。

（7）要远离石山，水田，水陆交界处，矿产边界处以及树林的边界处。

（8）在山顶时，要逃离制高点，离开大树跑向低地。

（9）若在大树旁，要避免躲在大树正下方（图2-33），应至少离开树干或树梢2米以上的距离，寻找低洼处蹲下，双脚并拢，双臂抱膝，头部下俯紧贴膝盖。若有干燥绝缘物，应蹲在绝缘物上。

图2-33　避免躲在大树正下方

（10）若较短时间内找不到任何合适的避雷场所，应尽量降低重心，减少人体与地面的接触面积，可以尝试蹲下，将身上的金属物摘除，如带金属框的眼镜、手表、钥匙、项链等，放到几米以外，双脚并拢，手放膝上，身体向前屈，千万不要躺在地上或土坑里，如果能披上雨衣，防雷效果更好。

（11）若在雷电交加时，头、颈、手等处有蚂蚁爬走感，头发竖立，说明即将发生雷击，此时应赶紧卧倒，摘除金属架眼镜、手表、腰带、发卡、项链等金属饰品。

（12）在户外不要使用手机，手机发射的电磁波非常容易引雷。

（13）不要开摩托、骑自行车或在雷雨中狂奔，因为身体的跨步越大，电压就越大。

（14）如果有人受到雷击，被烧伤或者休克，一定要在其身上不带电的情况下才能安全抢救。

（三）被雷击中的急救措施

（1）雷电击中物体时，瞬时可产生高温，大多伴有火花出现。当人遭受雷电击中的一瞬间，电流迅速通过人体，可导致心跳停止，或心跳速率极不规则的心室颤动。这两种情况都可使血液循环终止，令脑神经损伤。若不立即抢救，人可能一两分钟内就会死亡。若有人遭到雷击身上着火时，会造成不同程度的皮肤烧灼伤。

（2）同伴施救时，应注意评估现场是否安全。若雷电仍在继续，则现场是不安全的；应确认现场安全后，再积极设法施救。人被雷击中后，身上是不带电的，因为电流已经通过人体释放到大地，所以在保证自身安全的前提下靠近伤者，并尽可能将伤者转移到安全的地方，远离雷区后，再施救。同时，立即呼叫110和120报警就医。

（3）若人被雷击中，身上着火，同伴应帮忙灭火，并对伤者进行全面检查，排除致命伤。轻者可在现场按一般灼伤消毒包扎处理。重者可能出现呼吸心跳停止状况，应迅速实施现场急救，直到伤者有反应或专业急救人员赶到。

### 小　贴　士

#### 春雷频频有人遭雷击，还需提高警惕

春夏季雷雨天气增多，为户外工作的人带来诸多安全隐患。3月22日温州市急救中心相继接到两起遭雷击事故的求助。急救中心提醒市民，雷雨天气需提高警惕，避免发生意外。

3月22日下午5点多，温州市急救中心接到市民来电，称一名工作人员在海上作业时突然遭受雷击，不省人事。急救中心接到任务后立即调派就近站点前往抢救，并送医治疗。

无独有偶，同一天下午6点多，又有市民电话求助，称一名女子被雷击中，呼之无反应，面色苍白。据了解后得知，该女子在回家途中，忽遇春雷，来不及躲避被雷击中，急救医生到达现场后，发现患者全身淤青、心跳呼吸停止，立即进行心肺复苏抢救并送至医院救治。

一、在野外面对突发的雷暴怎么办

市民在野外，如果突然面对积雨云变厚变黑、雷暴随时来临的情况，一定要和树木、电线杆、积水保持距离，远离建筑物外露的水管、煤气管等金属物体，远离金属栏杆、铁轨及电力设备。高空、海上作业的人员应停止工作。如市民在行车途中，汽车被雷击中，千万不要贸然下车检查车况，应等到雷暴完全过去后再下车。

二、如遇身边同伴被雷击怎么办

（1）及时呼救，拨打120。请清楚告诉急救人员目前所在位置，提供受害者的相应信息。

（2）保证个人安全，预防二次雷击。如果雷暴没有结束，及时转移到安全地点（干燥处）。对于患者来说，除非是从高处坠落或身体遭受重击，否则不会出现严重的骨折，这时候挪动患者是相对安全的。

（3）立即检查患者呼吸和心跳。雷击引起的电灼伤只是表面现象，最危险的是对心脏和呼吸系统的伤害。如无法判断可以电话联系120寻求帮助，若无心跳、呼吸，可在调度员的指导下进行CPR（心肺复苏术）直到救护车到达。

（4）若伤者神志清醒，呼吸心跳均正常，应让伤者就地平卧，严密观察，检查伤口并处理，同时等待120人员到来。

资料来源：温州日报 2023-3-24 第 4 版

# 第六节　雾霾灾害

雾霾灾害是指因雾和霾所造成的能见度下降和大气污染，而影响人体健康和交通安全的灾害（图2-34）。

图2-34　雾霾现象

雾霾天气压低，使人感觉呼吸困难、心情烦躁。吸入有害物质，主要会引发呼吸系统、心血管系统疾病，严重会导致死亡。雾霾天气会导致能见度下降，严重时造成海陆空交通安全事故。

### 小贴士

**雾与霾的区别**

雾是由大量悬浮在近地面空气中的微小水滴或冰晶组成的气溶胶系统。雾会阻挡人的视线，当能见距离下降到1000米以下时，就称为雾。

- 轻雾：能见距离小于1000米大于500米。
- 大雾：能见距离不足500米。
- 浓雾：能见距离不足200米。

霾是空气中的大量不明烟尘等颗粒物（PM2.5）悬浮形成的浑浊现象。霾主要是由工业排烟、建筑扬尘、汽车尾气和焚烧垃圾等污染物造成（图2-35）。

图2-35　焚烧垃圾产生霾

- 轻微霾：空气相对湿度小于或等于80%，能见度大于或等于5公里且小于10公里。
- 轻度霾：空气相对湿度小于或等于80%，能见度大于或等于3公里且小于5公里。
- 中度霾：空气相对湿度小于或等于80%，能见度大于或等于2公里且小于3公里。
- 重度霾：空气相对湿度小于或等于80%，且能见度小于2公里。

出现雾时空气潮湿；出现霾时空气则相对干燥。有些地方会把雾天和霾天合称为"雾霾天气"，作为灾害性天气进行预警。

## 一、雾霾灾害的防范措施

(1) 倡导低碳出行，尽量选用非机动车出行。

(2) 倡导绿色出行，尽量乘坐公共交通工具出行。

(3) 使用清洁能源，尽量减少空调等能源消耗 (图2-36)。

(4) 排污单位应采取措施，控制污染工序生产，减少污染物排放 (图2-37)。

图2-36　空调使用

图2-37　污染物排放

(5) 机动车停车时，应及时熄火，减少车辆原地怠速运行，减少车辆尾气排放 (图2-38)。

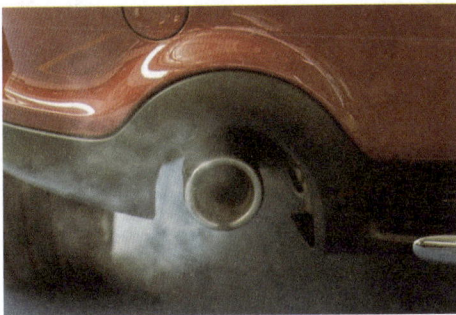

图2-38　车辆尾气排放

(6) 关注天气预报，及时掌握雾霾发生的时段、路段和范围。

## 二、雾霾灾害的应对措施

### (一) 大雾的应对措施

(1) 大雾天尽量不要外出，停止或尽量减少户外活动。

（2）必须外出时，要戴口罩，防止吸入有害气体。

（3）无论步行还是骑行，都应注意观察路况，听从交警指挥。

（4）开车时，要减速慢行，打开防雾灯，听从交警指挥，控制好车距。

（5）需停车时，先驶入安全区域再停车。

（6）必要时启动应急预案，实行交通管制。暂时封闭相关道路和高速公路，机场、车站、码头停航停运。

（7）若遇到雾天安全事故，应迅速落实救援联动机制，快速救援、快速勘查、快速撤离，最大限度地减少损失和危险（图2-39）。

图2-39　雾天行车事故

小 贴 士

大雾预警信号

大雾黄色预警是12小时内可能出现能见度小于500米的雾，或者已经出现能见度小于500米、大于或等于200米的雾并可能持续。

大雾橙色预警是6小时内可能出现能见度小于200米的浓雾，或者已经出现能见度小于200米、大于或等于50米的浓雾并可能持续。

大雾红色预警是2小时内可能出现能见度小于50米的雾，或者已经出现能见度小于50米的雾并可能持续。

## (二)霾的应对措施

(1) 及时关闭门窗,等到预警解除后再开窗换气。

(2) 尽量不出门或少出门,老人、孩童及易感人群最好留在室内。

(3) 停止户外活动,避免雾霾天外出参加体育活动,可改在室内锻炼。

(4) 必须外出时,一定要配戴口罩,做好防护。

(5) 开车时,要注意车速,谨慎驾驶。

(6) 从户外回来后,应立即清洁裸露的肌肤和头发(图2-40)。

(7) 平常多饮水,多吃蔬果,适量补充维生素C(图2-41)。

图2-40 及时清洁皮肤

图2-41 多吃蔬果

### 小贴士

**霾预警信号**

霾黄色预警是预计未来24小时内将出现中度霾,易形成中度空气污染。即在未来24小时内可能出现下列条件之一:

(1) 能见度小于3000米且相对湿度小于80%的霾。

(2) 能见度小于3000米且相对湿度大于等于80%,PM2.5浓度大于115微克/立方米且小于或等于150微克/立方米。

(3) 能见度小于5000米,PM2.5浓度大于150微克/立方米且小于或等于250微克/立方米。

霾橙色预警是预计未来24小时内将出现重度霾,易形成重度空气污染。即在未来24小时内可能出现下列条件之一:

(1) 能见度小于2000米且相对湿度小于80%的霾。

(2) 能见度小于2000米且相对湿度大于等于80%,PM2.5浓度大于150微克/立方米且小于或等于250微克/立方米。

(3) 能见度小于5000米,PM2.5浓度大于250微克/立方米且小于或等于500微克/立方米。

霾红色预警是预计未来 24 小时内将出现严重霾，易形成严重空气污染。即在未来 24 小时内可能出现下列条件之一：

（1）能见度小于 1000 米且相对湿度小于 80% 的霾。

（2）能见度小于 1000 米且相对湿度大于或等于 80%，PM2.5 浓度大于 250 微克 / 立方米且小于或等于 500 微克 / 立方米。

（3）能见度小于 5000 米，PM2.5 浓度大于 500 微克 / 立方米。

# 第七节　地震灾害

地震灾害是指由地震引起的强烈地面震动、地面裂缝和变形，使各类建筑物倒塌和损坏，设施设备损坏，交通通信中断，引发次生灾害，以及由此造成人畜伤亡和财产损失的灾害。

## 一、地震灾害的防范措施

（1）各种建筑设施要符合抗震标准。

（2）公共场所应设置宽敞的安全疏散通道和明显的疏散标志。

（3）在室内不要将重物放在高处，防止地震时重物掉落伤人。

（4）准备好应急物品（手机、药品、绳索、食品、水等），并摆放有序，方便取用。

（5）平时应建立防灾意识，掌握应急避震的方法。地震时就近躲避，地震后迅速撤离至安全地带。

## 二、地震灾害的应对措施

### （一）地震时的自救措施

地震刚发生时，不要慌张，要沉着冷静，努力保持站立姿势，根据自身所处环境来决定避震方式。

（1）若人在路上行走时遇到地震，应护住头部，立刻跑向开阔地带，尽量避开高楼、电线杆、围墙等。

（2）若在汽车行驶时遇到地震，应立即减速，尽快停车。车内人员抓紧扶手，护住头部，紧缩身体并做好防御姿势，等地震震动过去再下车。

（3）若地震时，汽车行进在高架桥上，应尽快停车，迅速下车，寻找合适位置躲避，以免桥被震裂塌方。

（4）若地震时，人在电梯里，应立即在最近楼层停下，并迅速离开电梯。

（5）若地震时，人在室内，应立即灭火断电；若时间允许，迅速冲出房屋，跑到户外的道路或宽阔的空地避震。

（6）实在来不及跑出去，或确定楼房不会倒塌的情况下，应就近迅速寻找相对安全的地方避震。可躲靠在支撑力大且稳固性好的物件旁边，形成一个相对安全的"三角空间"。

• 若在影剧院、体育馆等处遇到地震，应就地蹲下，或躲在排椅下，注意避开吊灯、电扇等悬挂物，注意保护头部。

• 若在商场、图书馆、教室等处，应选择结实的柜台、商品或柱子边，以及内墙角处，就地蹲下，用手臂或其他东西护头，避开玻璃门窗。

• 若在宿舍，可靠近外墙墙根、墙角但远离窗户的地方，蹲下用手臂或其他东西护头，身体紧贴墙根，头部尽量靠近墙面。也可进入卫生间、储物间等狭小并有承重墙的地方。不能钻进桌椅、床柜等狭小空间，以免四肢受限，难以逃生，也不利于被救。

### （二）地震后的撤离措施

一旦地震震动结束，就要迅速撤离到室外安全地带，因为房屋可能已经受到损坏，随时会倒塌。同时一次较大地震发生后，往往有强余震发生。

（1）千万不要盲目出逃，要保证有序撤离，不要拥挤，防止摔倒。

（2）撤离时要互帮互助，要关照体弱、有残疾的人。

（3）若有人摔倒，要尽快将其扶起；若有人没有撤离，应招呼其尽快撤离。

（4）不要乘坐电梯，因为电梯可能因地震而停电损坏，尽可能从安全通道撤离。

（5）不要急于拿取物品，因为拿取物品会耽搁逃生时间。撤离时，只需带上逃生应急包等必需品就行（图2-42）。

图2-42 地震应急物资示例

（6）要注意观察撤离道路是否平坦安全，防止跌倒摔伤。

（7）要注意观察道路周围的环境，是否有可能掉落的重物或倒塌的墙壁等，防止受伤。

（8）若疏散道路受阻，应重新选择。若没有确实可以选择的撤离道路，要尽快选择安全区域，等待救援。

### (三)撤离后的安全措施

撤离到室外后,要尽量注意所处环境的安全,要远离高大建筑或危险物,尽量待在应急避难场所,或宽敞的地方,确保撤离后的安全,避免意外受伤。

(1)不要站在道路中央,以保证应急通道的畅通,使救援车辆能及时抢救伤员,同时也避免自己被车辆撞伤。

(2)不要靠近围墙、站在堤坎边或躲在枯树下,因为有可能因围墙倒塌、堤坎塌方、枯枝掉落而受伤。

(3)不要着急返回室内,房屋可能因地震受损而垮塌,同时也要注意强余震造成伤害。

**小 贴 士**

#### 应急避难场所

应急避难场所是为了应对突发性自然灾害和事故灾害等,用于临灾时、灾时、灾后人员疏散和避难生活,具有应急避难生活服务设施的有一定规模的场地和按应急避难防灾要求兴建或加固的建筑。

应急避难场所一般是有宽阔空间,方便众人聚集的地方。例如学校操场、体育场、公园、广场、绿地、露天停车场或其他空地。

应急避难场所应提供临时用水、排污、消防、供电照明设施及临时厕所等应急设备。

有条件的应急避难场所还会设置避难人员的栖身场所,供应帐篷、生活必需品与急救药品,提供应急通信设施与广播、医疗设施等。

通常应急避难场所周边会有明确的应急指示标牌、疏散路径。在避难场所、关键路口会设置醒目的安全应急标识,帮助民众快速找到避难场所。

### (四)埋压后的自救措施

假如被埋压在废墟下,一定要有勇气和毅力面对困境,坚定生存下去的信心,相信自己一定能够脱险。若一时不能脱险,应当安慰自己,耐心等待救援,切不可悲观绝望。

(1)被埋压后,注意用手巾、衣服等捂住口鼻和头部,要尽快清除口中的尘土,保持呼吸畅通。避免灰尘呛闷,发生窒息。

(2)尽量清除压在身上的各种物体,要尽可能就地取材,用周围可搬动的物品支撑身体上面的重物,加强对周围的支撑,防止坍塌,确保生存空间,使被困的环境尽量宽敞,能够通风。

(3)被埋压后,要注意观察周围环境,寻找安全通道,设法爬出废墟。

(4)若无法脱险时,要保持体力,耐心等待,想办法与外面救援人员取得联系。

(5)要寻找身边能够食用的物品,节约食用,以备长时间等待救援。在干渴的情况下,可以饮用自己的尿液来缓解。

(6)千万不要盲目地高声呼叫,或大声哭泣,应尽量减少体力消耗,尽可能控制自己的情绪,或闭目休息,等待救援。

（7）当听到外面有人活动时，应呼叫或敲击出声，及时向外界发出求救信号，设法引起救援人员的注意。

（8）如果受伤伴有出血，可用衣服、毛巾等捂着伤口，避免失血过多。

（9）要积极配合救援，在被救援时不要慌张，要认真听从救援人员安排，争取尽快被救出。

### （五）地震后如何参与救援工作

救援事例表明，被困人员的存活率随着时间的推移而迅速下降，所以震后第一时间的救援工作十分重要。在确保自身安全的情况下，应尽力参与现场抢险救援工作。

（1）迅速将你知晓的人员埋压情况告诉周边的救援人员。

（2）可采取喊话、敲击等方法，观察废墟中是否有等待救援的人员。

（3）发现被埋压人员时，若一时难以救出，可先帮助其清除口鼻内的尘土，确保幸存者呼吸顺畅，并做好标识，等待专业救援队伍到来。

（4）可根据需要参与救护，照看伤员，做自己力所能及的事，当好防震减灾的志愿者。

**思考题**

1. 举例说明常见自然灾害造成的危害。
2. 比较各种自然灾害的防范措施有何异同之处。
3. 暴雨洪涝灾害后的防疫工作应该怎么做？
4. 我们可以采取哪些措施应对各种气候灾害？
5. 当地震发生时，我们该如何应对？

# 第三章　事故灾难的防范与应对

✏️ **本章学习目标**

- ◆ 了解校园交通事故的防范与应对措施。
- ◆ 掌握校园消防事故的防范与应对措施。
- ◆ 具备校园火灾逃生的基本技能。

## 第一节　校园交通事故

无论在校内还是校外，交通事故都是不容忽视的。校园内的道路交通常在师生进出校园、上下课时段以及举行大型活动时发生道路拥堵，很多路段都是人车混行。因此，提高交通安全意识很重要，每个人都是自己安全的第一责任人。

### 一、交通事故的防范措施

#### （一）日常出行防范措施

（1）熟悉交通法规，自觉遵守交通法规。

（2）在有红绿灯处，注意不要闯红灯。过马路时，应确认安全后，再通行（图3-1）。

图3-1　遵守交通法规

（3）拥堵路段，注意行进速度，应相互避让。

（4）转弯路段、斜坡路段及行人出没处等危险路段，谨慎通行（图3-2）。

图3-2　斜坡与转弯路段

(5) 不进入有"禁止通行"或"危险"标志的区域。

(6) 不在"禁止停留"处逗留，不在"禁止停车"处停车。

(7) 夜间出行，注意照明，避免撞上路障。

(8) 雨天出行，注意道路湿滑，谨慎慢行，避免滑跌撞倒。

(9) 极端天气，尽量避免外出。若必须外出时，应加强防范。

## (二) 行人防范措施

(1) 行人尽量走人行道，没有人行道时，应尽量靠右行走。

(2) 在人车混行时，行人要注意避让。

(3) 行人不要认为车不敢撞人或不会撞人，就不以为意。

(4) 不要在行路时看手机。不要停留在路中央聊天。

(5) 行人不要与车辆抢道。

(6) 不在道路上嬉戏打闹。

## (三) 骑行者 (非机动车) 防范措施

(1) 出发前，检查车辆刹车、轮胎、电瓶等是否处于正常状态。

(2) 骑行时，要按规定佩戴头盔。

(3) 骑行时，不要看手机、接听电话。必要时，应暂停骑行 (图 3-3)。

图 3-3　看手机时，应暂停骑行

(4) 骑行时，不要超速、超载，注意避让行人。

(5) 避免疲劳骑行，避免在身体不适时骑行。

(6) 雨天骑行时，应注意选择合宜的雨具，以免阻挡视线，引发事故。

## (四) 乘车者防范措施

(1) 乘公交车时，要遵守乘车秩序，等车停稳后，按序上下车。

(2) 乘公交车时，不要与司机聊天或与司机发生争执，以免影响司机驾驶。

(3) 乘公交车时，不要抢座，不要硬挤，不要打闹。

(4) 乘公交车时，扶稳坐好，不要把头或手伸出窗外。

（5）应熟悉公交车的紧急出口，熟悉公交车紧急制动装置和安全锤的操作。

（6）乘坐小轿车时，应系好安全带，包括后排乘客（图3-4）。

图 3-4　后排乘客系好安全带

（7）不乘坐车况不良的车。

（8）不要贪图便宜，乘坐黑车。

### （五）自驾者（机动车）防范措施

（1）出发前，检查车辆是否处于正常状态，车身周边是否有异常。

（2）做好车辆的安全日常保养、定期检测维护（图3-5）。

图 3-5　车辆要定期保养维护

（3）车内应有备胎、千斤顶、三角警告标志、急救箱、车载灭火器等应急工具（图3-6）。

图 3-6　车辆常备应急工具示例

（4）出行时，系好安全带。

（5）行车时，应避免接听电话、打闹嬉戏。

（6）行车时，应注意避让行人。

（7）行车时，应注意限速要求，不超速、不超载（图3-7）。

图3-7　行车注意限速

（8）不载搭陌生人。

（9）避免疲劳驾驶，避免情绪低落时驾驶。

（10）严禁酒后驾驶。

（11）严禁无证驾驶。

## 二、交通事故的应对措施

交通事故通常有"人人事故""人车事故""车车事故"等不同类型，须结合具体事故类型进行应急处理。交通事故的处理步骤通常包括以下五点。

1. 立即组织现场抢救

迅速判断事故严重程度，若有受伤者，应立即进行现场急救。若有重伤者，应尽快送至最近的医院救治，或拨打120急救电话（图3-8）。

图3-8　事故现场

2. 及时报警

拨打学校安全保卫处电话，或拨打110报警电话。报告事故地点、性质、人员伤亡情况、报警人电话和车牌号码等，以便学校安全保卫处或交通指挥中心合理调配救援人员和车辆。

**3. 保护现场**

发生交通事故后，应保护好现场，以便相关人员进行事故处理。

现场保护的内容包括：肇事者位置、伤者的倒地位置、各种碰撞碾压的痕迹、刹车拖痕、血迹以及其他散落物品等（图3-9）。

现场保护的方法：寻找现场周围的方便器材，如砖石、树木、木杆、绳索等，设置现场保护警戒线，指挥过往行人、车辆从旁边或绕道通行，禁止无关人员和车辆进入。

图3-9 保护事故现场

**4. 控制肇事者，协助事故调查**

控制肇事者，防止肇事者逃逸，以便有关部门了解事故缘由，认定相关责任，以及后续处理。事故相关者、重大嫌疑人与其他相关人员，都有责任配合有关部门或警察做好调查取证工作，并听候事故的处理。

**5. 善后处理**

事故发生后，应做好事故相关者的安抚工作。若事态不影响其他人的正常工作，在事故查清后，应及时清理事故现场，恢复正常通行。

# 第二节　校园消防事故

校园是大学生日常生活的重要场所，宿舍就是学生在学校里的家。学生宿舍、教学楼、食堂、图书馆、运动场馆等处是学生最常使用的场所，其中宿舍、实验室是校园发生消防事故的常见场所。大多数事故都是由一些小的隐患或疏忽造成的。宿舍、实验室发生火灾，跟我们的安全意识、用电用火习惯、电器设备使用、实验室规范操作等行为有关。大学生应掌握一般的消防常识，积极加强防范，并掌握一定的应对措施，以便在发生火灾时，能迅速做出反应。

## 一、宿舍消防安全

### （一）宿舍用电安全常识

（1）使用新国标电源插排（图3-10）。

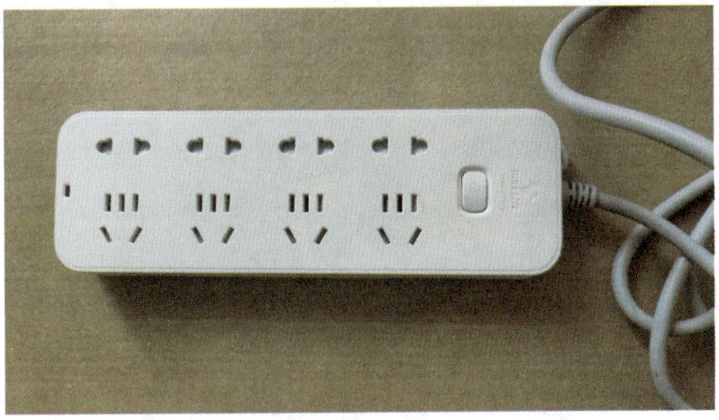

图 3-10  新国标电源插排示例

（2）电源插排上不能连接过多电源插头，禁止多个插排互接（图 3-11）。

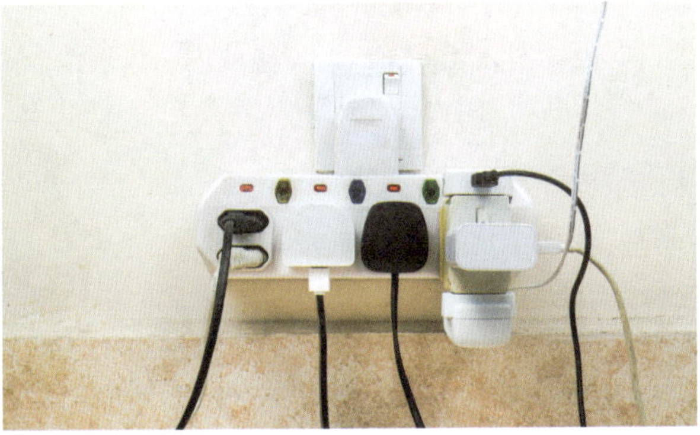

图 3-11  多个插排互接示例

（3）不超负荷使用电器设备。

（4）不把电源插排放在床上或书本之上，电源插排应放在书桌等通风安全处。

（5）电源插排不要放在小杂物容易跌入，或容易被水溅到的地方。

（6）电源插排周围不要有易燃物品。

（7）电线不要与床架等金属物接触。

（8）避免用手或导电物去接触、探试电源插座内部。

（9）避免用湿手触摸电器、电源，避免用湿布擦拭电器、电源。

（10）计算机、充电器等使用完毕后，应拔掉电源插头，或关闭接线板上的开关（图 3-12）。

图 3-12  及时拔掉电源插头

(11) 插拔电源插头时不要用力拉拽电线，以防止电线的绝缘层受损造成触电。

(12) 避免私自随意改装、拆卸、安装宿舍电源线路、插座、插头等 (图3-13)。

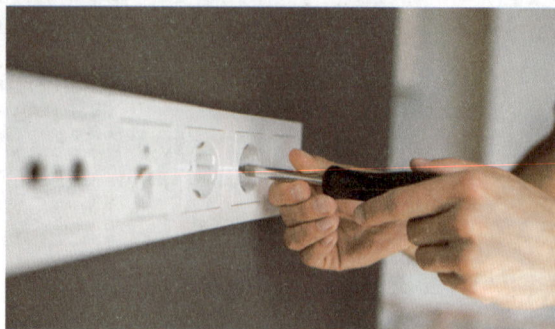

图3-13　不私自改装拆卸电源插座

(13) 避免随意把铁钉等硬物凿入墙面，以防发生墙内电线短路、触电等意外事故。

(14) 离开宿舍时，必须切断所有电源，做到"人走断电"，防止发生火灾。

## (二)宿舍火灾的防范措施

(1) 不在宿舍卧床吸烟，乱扔烟头，玩火种等易燃物品。

(2) 不在宿舍擅自使用酒精炉、液化炉、"热得快"等宿舍违禁品。

(3) 不在宿舍乱拉电线，私接电线，使用违禁电器等。

(4) 不在宿舍存放烟花爆竹、酒精汽油等易燃易爆物品 (图3-14)。

图3-14　烟花爆竹、酒精等易燃易爆物品

(5) 不在宿舍焚烧信件等杂物。不在宿舍进行烧烤活动。

(6) 在宿舍点蚊香时，不要靠近蚊帐、窗帘、纸张、衣物等易燃物 (图3-15)。

图3-15　注意蚊香的摆放位置

（7）在宿舍点蜡烛时，不要靠近纸张、木器、衣物、蚊帐、窗帘等易燃物（图3-16）。

图3-16　注意蜡烛的摆放位置

（8）离开宿舍时，切断电源，做到"人走断电"。

（9）准备一个应急逃生包放在方便拿取处，在遇到火灾时，可以马上拿到并迅速逃离（图3-17）。

图3-17　火灾应急逃生物资示例

## （三）宿舍常见的灭火措施

### 1.电器设备着火

首先，应立刻关闭电源开关。

然后，用干粉或气体灭火器、湿毛毯等将火扑灭，切不可直接用水扑救。

若计算机、电视机着火，应从侧面扑救，以防显像管爆裂伤人。

若电线冒火星，不要盲目接近，应立即断电，然后扑救，并通知有关部门检修。

### 2.燃气灶着火

首先，应关闭进气阀门。

其次，用湿布、湿围裙或湿毛毯压住火苗。

最后，迅速移开气瓶、油瓶等易燃易爆物（图3-18）。

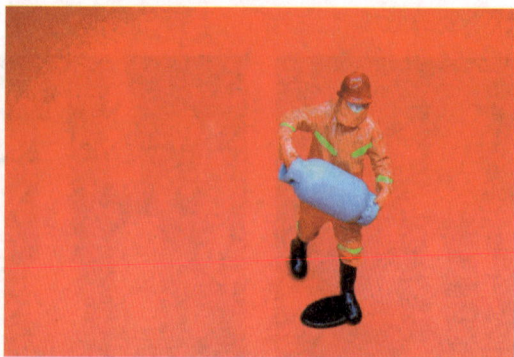

图 3-18　迅速搬移易燃易爆物品

**3. 油锅起火**

应直接盖上锅盖，使火焰窒息熄灭，切勿用水扑救。

若油火洒在灶具或地面上，可用手提式灭火器扑救；或用湿棉被、湿毛毯、湿围裙等捂盖灭火。

**4. 酒精炉起火**

应用茶杯盖或菜碟等盖在酒精罐上灭火。

或用湿毛毯、湿毛巾捂盖，以隔绝空气灭火。

切勿用嘴吹，或用水浇。

**5. 家具着火**

若是小型家具着火，应迅速拿到室外或卫生间等处用水浇灭。

若是固定家具着火，应先用水盆、水桶等容器接水扑救。

若火势得不到控制，应利用楼梯间或走道处的消火栓放水扑救。

同时，应迅速移开家具旁边的可燃物。

切记，不要在室内乱扑乱打，以免引燃其他可燃物。

**6. 衣物着火**

若是一般衣物着火，在火势不大时，应迅速将着火物拿到室外或卫生间等处用水浇灭。

若是身上衣物着火，应就地打滚，压灭身上火苗，千万不要奔跑。

切记，不要在室内乱扑乱打，以免引燃其他可燃物。

**7. 密闭房间内着火**

扑救室内火灾时，不要急于开启门窗，以防新鲜空气进入后加大火势。

应先观察火势，若火势很小，可先用水盆、水桶等容器接水扑救。

若火势已大，应呼喊邻居，共同参与灭火。

在着火的密闭房间外开门时，先开一条缝，感觉一下室内温度，如果室内温度不高，可带水迅速进入室内扑火；如果室内温度很高，有爆燃的可能，应在备足消防用水的情况下，先伸进水枪，迅速上下左右射水降温，然后进入室内灭火。

开门时，人应站在门的一侧，以室内防爆燃将人烧伤。

## 二、实验室消防安全

### (一)实验室安全常识

(1)熟悉实验室的进入规定和防护要求。

(2)熟悉实验室的环境卫生要求。

(3)熟悉实验室的疏散通道、紧急出口及消防设备的位置(图3-19)。

图3-19 疏散通道

(4)熟悉实验室急救设备的位置(图3-20)。

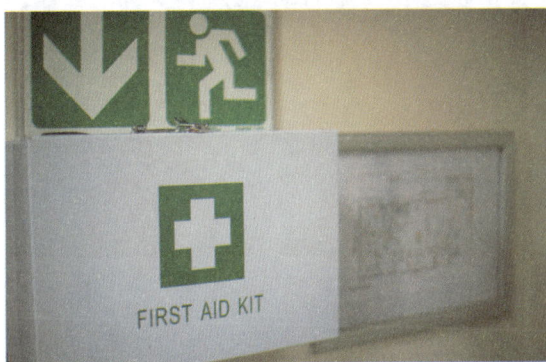

图3-20 急救设备

(5)熟悉实验室生物制品和化学药品的特性(图3-21)。

图3-21 生物制剂和化学药品

（6）熟悉实验室中易碎仪器的操作要求（图3-22）。

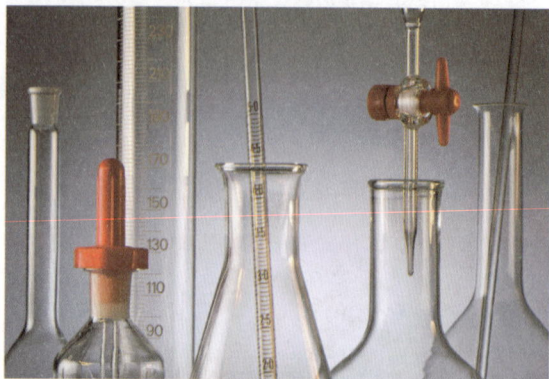

图3-22　易碎实验仪器

（7）熟悉实验室高温加热设备的操作要求。

（8）熟悉实验室机械设备的操作流程（图3-23）。

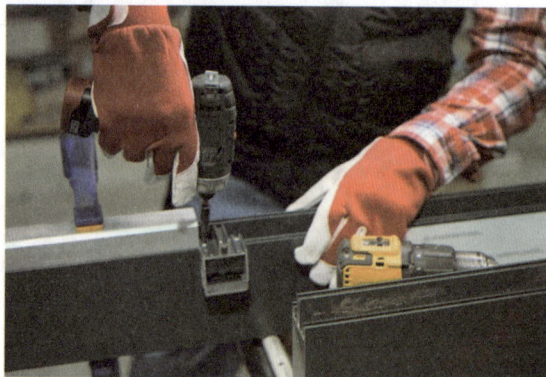

图3-23　机械设备

（9）熟悉实验室废弃物的处置要求（图3-24）。

图3-24　实验室废弃物

## （二）实验室事故的防范措施

（1）定期组织实验室使用者进行安全学习，熟悉实验室环境。

（2）定期组织实验室人员进行安全检查，消除安全隐患。

（3）强调实验室各项操作的规范管理，在醒目位置张贴警示标识。

（4）严格要求实验室使用者进行规范操作，并做好相应的防护措施。

（5）保持实验室疏散通道、紧急出口的畅通（图3-25）。

图3-25　保持疏散通道和紧急出口的畅通

（6）不得擅自移动实验室消防装置和急救设备的位置（图3-26）。

图3-26　不擅自移动消防装置和急救设备的位置

（7）不得擅自拆解实验室的设施装备。

（8）不得携带违禁品进入实验室。

（9）自觉保持实验室环境卫生。

（10）听从实验室管理员的管理。

（11）按照实验室规定的着装进入实验室。

（12）在指导教师的指导下进行实验操作。

（13）每次使用前，应对实验仪器设备、实验用品、实验制剂的安全进行检查。

（14）实验时，不得擅自离开实验岗位，以免发生事故。

（15）实验时，若遇到问题，应及时向指导教师请教。

（16）实验时，若发现异常，应立即停止实验操作，并向指导教师或管理员报告。

（17）每次实验完毕后，应及时清理实验室，实验用品及时归位。

（18）按相关要求分类处理实验室废弃物，做好登记，使用规定渠道运送。

### （三）实验室事故的应急措施

1. 机械事故

若遭遇实验机械发生故障，操作者应注意保留现场，并及时向指导教师或管理员如实说明事故发生前后的情况，以利于分析问题，查找事故原因。

若因机械事故导致人员受伤，应立即关闭实验设备，对伤者实施救助，并保留现场，以便调查事故原因。

2. 中毒事故

若实验中不慎泄漏有毒气体，应立即打开门窗；疏散室内人员；将中毒者移至空气流通处，严重者应立即送医院救治（图3-27）。

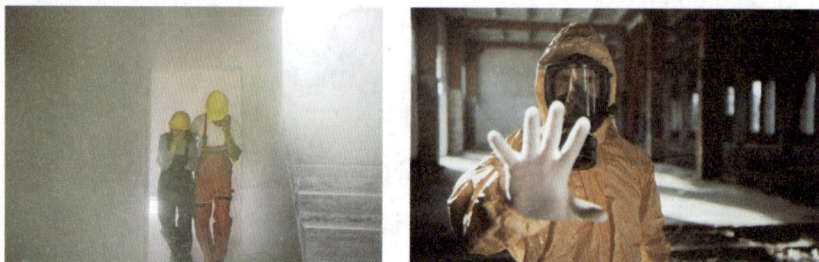

图3-27　室内人员疏散

（1）一氧化碳，无色无味，中毒不易判断。轻者会出现头晕耳鸣、恶心呕吐、四肢无力、面色苍白；重者会出现呼吸困难、抽搐、昏迷等症状。当一氧化碳中毒者呼吸不畅时，可以对其进行人工呼吸，送入高压氧舱抢救。

（2）二氧化硫，强烈刺激眼睛和呼吸道。轻者会出现眼睛及咽喉部的刺激感；重者会出现声音嘶哑、胸闷、吞咽困难等症状。当二氧化硫中毒者呼吸不畅时，切勿进行人工呼吸，应进行输氧，送医院救治。若因皮肤接触而受伤，可用2%～3%等碳酸氢钠溶液冲洗患处。

（3）硫化氢，有臭鸡蛋味。轻者会出现眼睛灼痛、畏光流泪、恶心呕吐等症状；重者会出现意识不抽搐、昏迷甚至死亡。黏膜损伤者可及时用生理盐水冲洗患处；呼吸困难者应即刻送医院救治。

3. 感染事故

若实验时有感染物溢出，应戴手套及时清理感染物。可用纸巾或抹布覆盖受感染的物品，然后在其上使用消毒剂。用于清理的纸巾、抹布及污染物等应放入专门收纳污染性废弃物的容器内。

若皮肤破损处接触感染物，应尽可能挤出损伤处的血液，清除异物，用肥皂或清水冲洗伤口和周围被污染的皮肤，使用适当的皮肤消毒剂进行消毒。必要时，应立即送医救治（图3-28）。

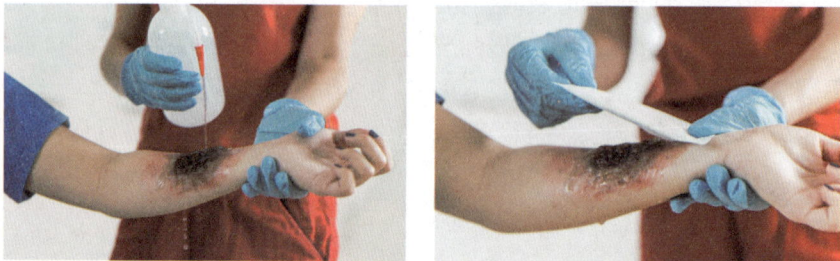

图3-28　及时清洗伤口

若发生大面积感染物泄漏，所有在场人员应立即有序撤离相关区域，并在专门的安全管理员指导下清除污染。

### 4. 火灾事故

实验室的机械设备、工业原料、危险物品等发生火灾时，要根据燃烧物的性质特点，有针对性地选用合宜的灭火剂进行扑救（图3-29）。

图 3-29　灭火剂灭火

（1）若是图书档案资料、精密仪器、遇湿燃烧物品、高浓度强酸等物品，不能直接用水扑救，以免造成水渍损失或爆炸。

（2）若是糖粉、面粉、木屑等可燃粉尘物，不能用直流水柱冲击，以免引起粉尘爆炸，扩大灾害范围。

（3）若火势一时难以控制，应先将室内的液化气罐、汽油、酒精等易燃易爆物抢出。

（4）若时间允许，可将室内贵重物品一并抢出。

（5）若火势已大，不应返回室内而贻误疏散时机。

# 第三节　校园火灾逃生

在校园内遭遇火灾时，不要惊慌，要沉着冷静，积极应对。平时应操练自己的危机意识，留意和熟悉周围环境。

## 一、火灾逃生的防范措施

（1）平时留意相关灾情报告，建立逃生意识，提前制订撤离方案和逃生计划。

（2）每到一处，都要留心观察周围环境、熟悉楼道布局与急救设施的位置，包括宿舍、教学楼、食堂、图书馆、体育场馆等公共场所（图3-30）。

图 3-30　熟悉周围环境

（3）熟悉所处环境中的疏散通道、紧急出口、楼梯位置等（图3-31）。

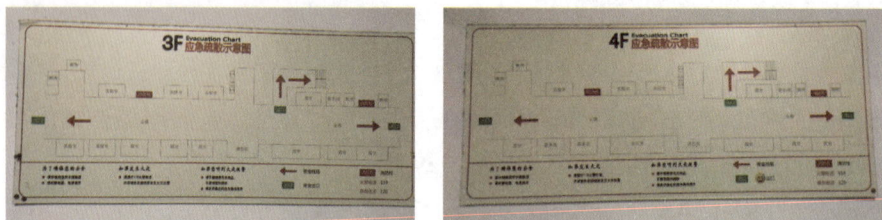

图3-31　熟悉疏散通道

（4）平时疏散通道、楼梯上不要堆放物品，安全出口不得上锁（图3-32）。

图3-32　疏散通道、楼梯上不要堆放物品

（5）熟悉警铃、灭火器、紧急安全锤、应急电话等应急装置的位置和操作方法（图3-33）。

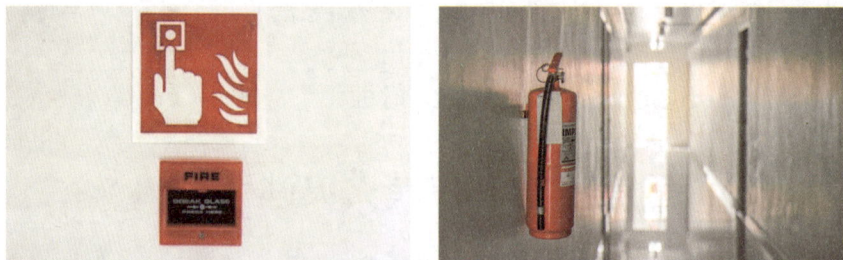

图3-33　熟悉警铃、灭火器的位置

（6）熟悉常见火灾类型及扑救方法。

小 贴 士

常见火灾类型及扑救方法

不同类型的火灾需要采取不同的扑救方法。

（1）油锅起火：不可用水灭火，应迅速关闭燃气开关，盖上锅盖或将菜倒入锅内。

（2）油类物质起火：不可用水灭火，要用砂土覆盖灭火。

（3）液化石油气具起火：迅速关闭气阀；无法关闭时，用湿巾、湿被等覆盖起火器具，使火熄灭，然后关闭气阀；角阀失灵时，用湿毛巾、肥皂、黄泥等将漏气处堵住，并对气瓶进行水冷却。

（4）电器用具起火：切断电源，用干粉灭火器或1211灭火剂灭火，或用棉被、毛毯浸水后覆盖。

（5）布料、木材、纸张起火：用面盆、水桶等盛水浇灭。

（7）熟悉各种灭火器、逃生器材的使用方法（图3-34）。

图3-34　手提式干粉灭火器

小 贴 士

灭火器的使用方法

很多灭火器上都有使用说明。一般为"一拔二拿三压"：横向拔出保险销、拿起喷嘴并对准火源、压下压把喷出灭火剂灭火。

（8）熟悉火灾逃生的应急措施（图3-35）。

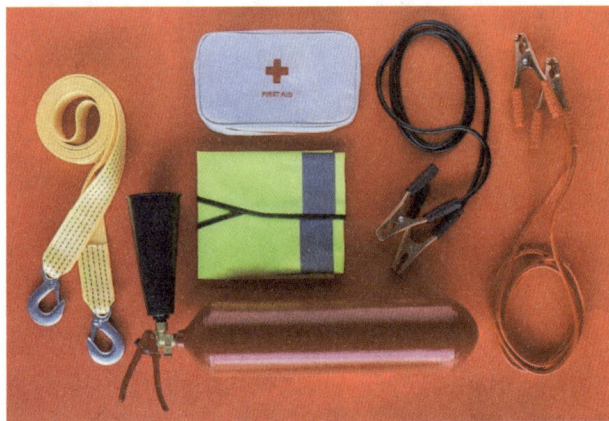

图3-35　火灾逃生的应急设备示例

（9）知道发生火灾时如何报警。

（10）参加消防演练，参与火灾逃生的演练，掌握相关逃生技能（图3-36）。

图 3-36　参加消防演练

## 二、火灾逃生的应对措施

### 1. 火灾初起，全力扑灭

扑救火灾的最佳时机，是火灾的初起阶段。初起阶段火势范围较小、火焰温度不高、热辐射作用较低，扑救较容易。此时，应尽全力就地取材，使用灭火器、消防栓等适宜灭火物，将火控制、扑灭。

如果在5～7分钟内不能将火扑灭，就会进入火势的发展阶段。进入发展阶段就需要投入大量的人力物力，火势较难扑灭。

若火势失控，应当机立断，切断失火房间或楼层的分路电源，关闭通风管道和门窗，开启排烟设备，疏通逃生通道，迅速组织人员疏散。

### 2. 明辨方向，迅速疏散

撤离时，切勿乘坐电梯。逃离险境后，切忌重返险地。逃生时，切勿顾及贵重物品，把逃生时间浪费在寻找或搬运贵重物品上。

若在房间里，想要逃生时，打开房门前，应先用手感觉门面或门把手的温度。

（1）若门或门把手不热，可以慢慢打开门，并确定烟火是否阻挡去路。若未阻挡，应按疏散指示标识或疏散人员的指示从安全通道和楼梯逃生。离开房间后，应关好房门，以防火势蔓延。若门外已被烟火阻挡去路，应立即关门并寻找其他逃生路径。

（2）若门把手烫手，或门隙有烟冒进来，表明通道已被烟火封堵，不要开门；应朝背向烟火方向离开，通过阳台、窗口、天台等往室外逃生，或在窗口处等待救援。

### 3. 科学应对，应急处理

火灾中对人造成最大危害的是烟熏火烧，须科学对待。

（1）应对有害烟气：若在逃生时遇到浓烟，可用水把身上的衣服打湿，用湿毛巾、口罩、衣物等捂住口鼻（注意：湿毛巾等会使呼吸阻力增大）。采用低首俯身或匍匐贴地的姿势，沿墙根低姿势或爬行撤离，不能做深呼吸，以降低浓烟的侵害。最佳方法是佩戴防毒面具、头盔、阻燃隔热服等护具。

（2）应对身上着火：可就地卧倒翻滚，用灭火器、水浸、水淋，或用厚重衣物压灭火苗。千万不可直立奔跑、站立呼喊或用手拍打，以免助长燃烧，加重烧伤。灭火后，受伤者应立即将衣物脱去。若衣服和皮肤黏在一起，可把未黏的部分剪去，并对创面进行包扎。

（3）烧伤创面处理：在火场上烧伤创面一般可不做特殊处理。为防止创面继续污染，避免加重感染和加深创面，可用三角巾、大块纱布、清洁的衣服或被单等对创面进行简单包扎。尽量不要弄破水泡，不能涂紫药水一类有色的外用药，以免影响对烧伤面深度的判断。手足被烧伤时，应将各指趾分开包扎，以防粘连。

4. 逃离有法，逃生有术

千万不要盲目跳楼，可以寻找合适的方法逃离。低层可设法跳离，高层应寻找合适房间暂时避难。若着火层楼梯尚未封死，火势不是十分猛烈，可以披上用水浸湿的衣被，从楼上快速冲下楼，或冲进疏散楼梯再撤到安全地带。

若着火层的大火已将楼梯封住，着火层以上的人员无法向下疏散时，被困人员可先疏散到阳台、屋顶或相邻未着火的楼梯间，再设法向地面疏散。

缓降逃生法：高层、多层公共建筑内一般都设有高空缓降器或救生绳，可以用这些设施逃生。若没有专门的设施，逃生通道被切断且短时间内无人救援时，可用绳索、床单、窗帘、衣服等自制简易救生绳，用水浸湿后从窗台或阳台沿绳缓慢滑到下面的楼层或地面。也可观察外墙处是否有建筑管道，可以攀爬下滑至地面。

低层徒手跳楼法：在非跳即死的情况下需要跳楼时，应抱一些棉被、沙发垫等松软的物品或打开大雨伞，选择往楼下的石棉瓦车棚、花圃草地、水池河滨或枝叶茂盛的树上跳，以减缓冲击力。若在二三层，可用手抓住窗台，使身体自然下垂，再往下跳，落地前屈膝，身体弯曲，卷成一团，用前脚掌落地，落地后顺势滚翻。

5. 积极求救，坚守待援

当逃生通道被切断，暂时无法脱身时，应远离着火点，寻找合适房间避难，这个房间必须有窗户、没有防盗网。进入房间，赶紧关闭迎火面的门窗，用湿布、湿毛巾等塞堵迎火门窗的缝隙。若房间有中央空调的通风口，也要将其塞住，然后打开背火面的门窗，向外发送求救信号。

设法使自己处于阳台、窗口等易被人发现并可供呼吸的安全地方。在阳台上避险时，应先关好连接室内的门窗。等待营救时，白天可向窗外晃动色彩鲜艳的衣物，向室外抛沙发垫、枕头等物品，使救援人员容易发现；夜晚可用手电筒等在窗口闪动或敲击窗框，并发出喊叫等，向救援人员发出求救信号。

6. 户外火灾，理智突围

在户外遭遇火灾，应当尽力保持镇静，迅速判断火势来源。密切关注风向、风力和火势变化，选择逆风方向逃离，或朝风向垂直的两侧逃生，或逃离到大火不及的地方躲避。

若被困在着火区域，应利用身边的水源，浸湿衣物，捂住口鼻，以防高温、烟熏。危急时刻，可选择火势较弱处，用湿衣物盖住头部，迎着火势，快速冲出火场。

# 第四节　逃生装备

在灾难发生时，我们需要掌握一定的逃生技巧，还需要了解相关逃生装备的功用，以便能争取更多的逃生机会。每个人、每个家庭都应常备应急逃生包（图3-37），以备不时之需。

图 3-37　应急逃生包示例

# 一、逃生工具类

逃生工具主要是为逃生开辟通道，为生命延续提供有力保障的器具。例如，多功能铲、安全锤、刀具、防滑手套、灭火毯、救生绳、指南针、望远镜、充气艇等（图 3-38）。

(a) 多功能救生铲

(b) 多功能安全锤

(c) 救生绳、指南针

(d) 三角警示标志、救生绳、防滑手套

(e) 望远镜

(f) 充气艇

图 3-38　逃生工具示例

## 二、照明信号类

照明信号装备是应急时能提供照明、取火，求救时能进行联络、发出信号或接收信息等功能的装备。例如：收音机手电筒、手压式电筒、备用电池、防风蜡烛、荧光棒、防风防水火柴、打火石、高音口哨、多功能口哨、手机、对讲机等（图3-39）。

（a）各种手电筒

（b）防风防水火柴

（c）打火石

图3-39　照明信号装备示例

## 三、救生装备类

救生装备是指逃生过程中能在一定程度上保护身体不受伤害或减少伤害的一些装备。例如：消防面罩、防护衣、地震防护头套、防护眼罩、救生衣、反光衣、反光背心、反光带、应急保温毯等（图3-40）。

（a）消防面罩与防护衣

（b）地震防护头套

（c）防护眼罩

（d）救生衣

（e）应急保温毯

图3-40　救生装备示例

## 四、急救药品类

急救药品是在突发事故时可以进行消毒、止血、包扎、预判等急救处理，以减轻伤情、病情，甚至可以为挽救生命赢得宝贵时间的医药用品。例如：创可贴、纱布、无纺布胶带、止血带、棉签、碘伏棉签、弹性绷带、三角绷带、剪刀、镊子、安全别针、弹力网帽、消毒片、口对口呼吸面膜、口罩、体温计、冰袋、退热贴、降温贴、清凉油、红霉素软膏、跌打万花油、紧急联系卡、应急救援卡、医保卡、急救手册等（图3-41）。

  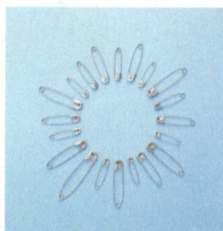

（a）创可贴、纱布、无纺布胶带　　　　　（b）小剪刀、镊子　　　　　（c）别针

 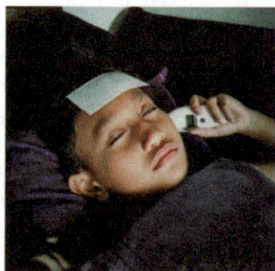

（d）冰袋　　　　　　　　（e）急救包　　　　　　　　（f）体温计、退热贴

图3-41　急救药品示例

## 五、应急生活用品类

应急生活用品是为逃生时准备的一些基本生活用品，以维持基本生存需要。例如：饮用水、压缩饼干、罐头食品、背带水壶，折叠水壶、不锈钢饭盒、应急睡袋、应急帐篷、应急保暖毯、防尘口罩、压缩毛巾、多功能风衣雨衣、牙刷、牙膏、梳子、一次性内裤、备用衣裤、卫生纸、防水资料袋、手机防水袋等（图3-42）。

（a）睡袋　　　　　　　　　（b）水壶　　　（c）衣物

(d) 各类包装食品

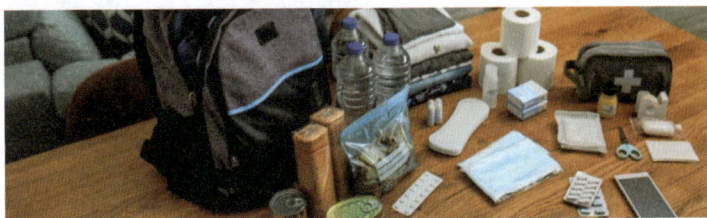

(e) 各种应急生活用品

图 3-42  应急生活用品示例

**小 贴 士**

### 应急电话一览

- 火灾报警电话：119
- 治安报警电话：110
- 医疗急救电话：120
- 交通事故报警：122
- 红十字会紧急救援电话：999

- 紧急呼叫中心：112
- 电话号码查询：114
- 天气预报查询：121
- 水上求救专用：12395
- 森林火警电话：12119

**思 考 题**

1. 请举例说明如何避免发生校园交通事故。
2. 请举例说明发生交通事故时应如何应对。
3. 请举例说明应如何防范和应对校园火灾事故。
4. 请设计一个应急逃生包并解释内容物的功用以及适用的人数及场景。
5. 请说出五类以上的应急电话号码。

# 第四章　公共卫生事件的防范与应对

✏️ **本章学习目标**

- ◆ 了解食物污染与传染病的主要类型。
- ◆ 掌握常见食物变质的辨别方法与传染病的防范原则。
- ◆ 具备应对食物中毒与防范传染病的基本能力。

## 第一节　饮食卫生事件

饮食卫生安全是公共卫生安全中的重要环节。每个人都应关注自己的饮食卫生状况，尽量避免发生食物中毒或因饮食不洁而染病的状况。

### 一、食物污染的类型

食物在生产、储存、加工、运输、销售、烹饪以及送到餐桌的各个环节，都可能使食品受到污染。人进食了被污染的食物会造成不同程度的伤害。

#### （一）生物性污染

1. 微生物污染

动植物在生长过程中易受微生物的污染，主要有细菌与细菌毒素、霉菌与霉菌毒素等。例如，鱼、虾等水产品平均带菌率为50%左右，夏季甚至高达90%以上。夏季要特别注意海鲜饮食安全（图4-1）。

图4-1　海鲜易受微生物污染

2. 寄生虫污染

寄生虫和虫卵可直接污染食物；也可通过病人、病畜的粪便间接通过水体、土壤等污染食物。例如，在肺吸虫病人多的地方，可能与当地人欢喜食用酒浸泡的醉石蟹有关。因为石蟹体内有肺吸虫的囊蚴，生活在一些溪流中的石蟹含囊蚴率达80%。

### 3. 昆虫污染

昆虫污染主要包括食物被甲虫、螨类、蛾类污染以及动物食品和发酵食品被蝇、蛆等污染（图4-2）。

图4-2　昆虫易污染食物

### 4. 病毒污染

病毒污染是食物被病毒感染，如通过染有口蹄疫病毒的动物感染（图4-3）。

图4-3　牛易感染口蹄疫病毒

## （二）化学性污染

食品化学性污染涉及范围较广，情况复杂。

（1）来自生产、生活和环境中的污染物，例如农药、兽药、有毒金属等。

（2）食品容器、包装材料、运输工具等接触食品时溶入的有害物质，如劣质塑料容器中盛放食物（图4-4）。

图4-4　化学物品或不合格食品容器会污染食物

（3）滥用食品添加剂，如为了使糕点、零食、菜肴等食品颜色鲜亮而添加及滥用色素、香精。

（4）食品加工、贮存过程中产生的物质，如酒中有害的醇类、醛类等。

（5）掺假、制假的食物，如假粉条、假酒、假饮料等。

### （三）物理性污染

（1）非化学性的杂物污染，如食品中混入的草籽、砂石等杂质。

（2）食品的放射性污染，来自放射性物质的开采、冶炼、生产、应用及意外造成的污染，如石油泄漏、核物质事故等污染的食物。

## 二、常见食物变质的辨别

食品变质泛指在以微生物为主的各种因素作用下，导致食品降低或失去食用价值的一切变化。例如：含蛋白质丰富的肉、鱼、禽、蛋及大豆制品等食物，以蛋白质腐败为基本特征；含碳水化合物多的食物在细菌和酵母作用下，以产酸发酵为基本特征；以脂肪为主的食物，主要是在理化因素作用下发生酸败。

食品所处环境的温度、湿度、阳光的照射等对食品的腐败变质有直接影响。常见食品变质的辨别要点如下：

（1）粮豆干货：籽粒不完整且表面发生霉变、生虫、有吊丝。

（2）蔬菜水果：变色、溃烂、散发异味、霉变（图4-5）。

图4-5　蔬果变质示例

（3）肉类：肉类表面产品各种色斑、发黏、发绿、有臭味（图4-6）。

（4）禽蛋：破壳后可见黑斑、散黄、泻汤，有臭味（图4-7）。

图4-6　肉类变质示例

图4-7　禽蛋变质示例

（5）鲜奶类：变色、凝块、发臭，包装发胀。

（6）酸奶及奶制品：表面发霉、有气泡、大量乳清析出，包装发胀（图4-8）。

图4-8　奶制品变质示例

（7）鱼类：鱼鳞易脱落，少光泽，眼球凹陷，鳃盖松，呈褐色并有臭味，腹部膨胀或破裂，鱼体变软，无弹性，手指按压骨肉易分离，有臭味（图4-9）。

图4-9　鱼类变质及死亡

（8）虾类：色泽暗淡，肉质松软，头尾脱落，有臭味。

（9）贝类：贝壳抱合不紧，易掰开，有异味，有霉点，有汤水流出（图4-10）。

图4-10　贝类变质示例

（10）油脂类：油脂混浊，产生特殊的刺激性，有哈喇味。

（11）罐头类食品：有胀气状，开罐后有腐败味气体逸出，内容物有异味或伴有汤汁混浊、肉质液化。

（12）袋装食品：有漏气、胀气状，内容物有异味、颜色异常、霉变、腐化等（图4-11）。

图4-11　袋装食品变质示例

## 三、食物中毒的防范措施

食物中毒是指摄入了生物性污染或化学性污染的食品，或者把本身含有毒素的物质当作食品摄入后出现的非传染性急性或亚急性肠胃疾病。

（1）购买食品时，一定要注意食品的相关信息，检查有无生产日期、保质期、生产厂家、食品配料、营养成分表、储存条件、食用方法等；不买三无产品。

（2）打开食品包装时，应检查食品是否有异常，是否有变味、霉变、腐败、生虫、有异物等。

（3）掌握常见食品变质的辨别要点，避免购买劣质食物。

（4）购物后，应保留相关的购物凭证（购物小票、发票等），以防发生纠纷时，缺乏凭据。

（5）采用正确方法清洁食物，瓜果洗净或去皮后食用，其他食品一定要加工煮熟后食用；生熟食品要分开处理和保存；不食用不明的野生动植物、菌类（图4-12）。

图4-12　正确清洁处理食物

（6）注意清洁餐具，不用不洁容器盛放食物。

（7）注意个人清洁卫生，饭前便后洗手。

（8）到正规餐厅、饭店、酒店、商场、网店购买食物和就餐。

（9）不到无证摊贩处购买食物，减少食物中毒的隐患。

（10）网络订餐时，应选择合法正规的供餐单位。

（11）若用餐后，有腹泻、呕吐等异常症状应及时就医，并追溯食品来源。必要时，应及时通知卫生医疗部门、防疫部门或报警。

## 四、食物中毒的应对措施

食物中毒的主要症状是呕吐和腹泻，还可能会出现口渴、面色潮红、口唇青紫色；呕吐物散发消毒水味，酸臭味，霉臭味；流口水、吐白沫，口鼻冒灰色或血色沫，剧烈腹痛，血尿或尿闭；呼吸浅慢，血压下降，肺水肿，心跳加剧，心率紊乱，出汗，大量出汗，体温升高，皮肤发红，起泡；闪击样昏倒，昏睡，痉挛，强直性痉挛，震颤，幻觉，狂躁不安，口唇、四肢发麻，视觉障碍、复视、失明，瞳孔缩小，瞳孔散大等症状，严重者会迅速死亡。

食物中毒者常在进食后 1 小时至 1 天内出现恶心、呕吐、腹痛、腹泻等症状。严重者可能很快就会脱水、休克、循环衰竭甚至危及生命。因此食用餐食后发现异常时，应立即采取急救措施。

### （一）食物中毒的急救措施

#### 1. 催吐

食物中毒自我急救最常用的办法是催吐。若进食有毒物品的时间在 2 小时以内，可以进行催吐。

（1）饮用温盐水（食盐 15 克，水 240 毫升）、生姜水（生姜 100 克，捣碎取汁，水 200 毫升）催吐。

（2）服用"十滴水"催吐。

（3）用手指、筷子、鸡鸭毛等直接刺激舌根部及咽部引吐。

（4）对昏迷者不宜进行催吐。

#### 2. 导泻

若吃下中毒食物时间较长，已超过 2 小时，但精神较好，则可服用泻药，促使中毒食物尽快排出体外。

（1）常用的导泻剂有硫酸镁和硫酸钠，用量 15～30 克，加水 200 毫升，口服。

（2）可饮用大量干净的水，稀释血中毒素的浓度，并服用利尿药，对毒素进行稀释排泄。

（3）用浓茶水或 2% 碳酸氢钠洗胃、肠。

（4）体质较好者，可用番泻叶 15 克，一次煎服或开水冲服。

（5）可用大黄 30 克，一次煎服。

（6）老年患者可用元明粉 20 克，开水冲服。

#### 3. 解毒

解毒须对症治疗，服用相应的解毒物解毒。若不清楚是进食何物中毒，应立即送医救治。

（1）对由变质的鱼、虾、蟹等引起的食物中毒，可取食醋 100 毫升，加水 200 毫升，稀释后一次服下；或用紫苏 30 克、生甘草 10 克一次煎服。

（2）若误食了变质的饮料或防腐剂，可用鸡蛋清、牛奶或其他含蛋白质的饮料灌服，或用大蒜捣汁服用。

（3）若误食的是生物碱、重金属和酸类等毒物，可服用通用解毒剂（配方为活性炭4份、氧化镁2份、鞣酸2份和水100份）进行吸附或中和。

## （二）急救后的应对措施

（1）食物中毒的病人经过应急处理后，应躺下休息，在停止呕吐之后，可以吃一点流质食物，如米汤、鸡蛋羹、藕粉等。

（2）待症状好转、病情转轻时，可吃一点半流质食物，如稀粥、面片汤等，但需忌油腻；也不能吃刺激性食物，如辣椒、胡椒等。

（3）若仍有呕吐，就不要吃东西，可喝些茶水或淡盐水，以补充吐泻失去的水分。

（4）病人经过急救，若症状未见好转或中毒较重者，应尽快送医院治疗。

（5）追回并封存造成食物中毒的食品或可疑食品。

（6）搜集并保留与食物中毒有关的原料、餐具、工具、设备和现场。

（7）搜集并保留病人的排泄物和呕吐物，以备检验。

（8）协助调查人员对食物中毒情况进行调查，如实向调查人员提供发病情况、就餐情况和食品加工过程的细节等。

# 第二节　传染病事件

传染病是由各种病原体引起的能在人与人、动物与动物、人与动物之间相互传播的一类疾病。

小　贴　士

### 病原体

病原体是指可造成人或动植物感染疾病的微生物（包括细菌、病毒、立克次氏体、真菌）、寄生虫或其他媒介（微生物重组体包括杂交体或突变体）。

## 一、传染病流行的影响因素

传染病流行主要有传染源、传播途径和易感人群三个环节。

### 1. 传染源

传染源是指病原体在体内生长繁殖并能将病原体排出体外的人和动物。

传染病患者及病原体携带者是重要的传染源，常常借咳嗽、吐痰、腹泻等方式促进病原体的传播或污染环境。一般症状明显期的传染性最强，此时病原体的排出数量最多。

### 2. 传染途径

常见传染病的传播途径分为四种：

（1）通过空气传播，如流感、流行性腮腺炎、水痘、结核病等。

（2）通过食物传播，如痢疾、甲型肝炎、霍乱、伤寒等。

（3）通过接触或体液传播，如沙眼、红眼病、疥疮、狂犬病、水痘、艾滋病等。

(4) 通过虫媒传播，如登革热、乙型脑炎、疟疾、鼠疫等。

3. 易感人群

易感者是对某种传染病缺乏特异性免疫力的人。易感者在某一特定人群中的比例决定了该人群的易感性。人群易感性主要受人口动态的变化、人们免疫水平的高低、病原体的变异或种型的变化等多因素影响。

## 二、传染病的防范原则

1. 控制传染源

应采取"积极防范，预防为主"的态度，做到"五早"(早发现、早报告、早诊断、早隔离、早治疗)。

2. 切断传染途径

对空气、公共场所等进行消毒，切断各类传染病的传播途径(图 4-13)。

图 4-13　对公共场所进行消毒

## 三、常见传染病的防范措施

1. 流行性感冒（简称流感）

流感是由流感病毒引起的急性呼吸道传染病。

流感主要是通过呼吸道传播。目前主要有甲型流感、乙型流感和丙型流感三种形式，其中甲型流感病毒经常发生抗原变异，传染性大，传播迅速，极易发生大范围流行。患者1～7天有传染性，病初2～3天传染性最强。

流感不同于普通感冒，流感的症状一般表现为高热(体温在38℃以上)，同时伴有头痛、乏力、全身肌肉关节酸痛等症状，严重患者可能会并发肺炎，表现出咳嗽、喘憋、呼吸困难，甚至会快速发展为呼吸衰竭，加重原有基础疾病。普通感冒一般症状较轻，主要表现为低热、鼻塞、流涕、打喷嚏，很少会出现全身肌肉关节的疼痛。

预防流感应关注气候变化，适时增减衣物，避免忽冷忽热；加强户外体育锻炼，提高机体免疫力；保持室内空气流通，多喝水，保证充足睡眠。在流感暴发的区域，应注意回避感冒者，避免去人群聚集的场所；应与患者保持 1 米以上间距，咳嗽、打喷嚏时应使用纸巾等捂住口鼻，避免飞沫传播；应经常彻底洗手，避免脏手接触口、眼、鼻等部位。流感期间若出现流感症状应及时就医，并减少接触他人，尽量居家休息，消毒个人餐具和卫生用品。

2. 人感染高致病性禽流感（简称禽流感）

禽流感是指禽流感病毒侵入人体后引起的急性呼吸道传染病。

禽流感主要通过呼吸道传播，还可以通过接触已感染的禽类及其粪便或受污染的环境而感染。

预防禽流感应注意饮食卫生，禽蛋表面的粪便应清洗干净，禽肉、蛋类必须煮熟后再食用；加工和保存禽类食物时要生熟分开。避免接触水禽、候鸟等易携带禽流感病毒的动物，若有接触，应及时洗手。平时多摄入一些富含维生素 C 等有助于提高免疫力的食物。若出现发热、头痛、鼻塞、咳嗽及全身不适等症状，应及时就医（图 4-14）。

图 4-14　避免接触易感染禽流感病毒的动物、多摄入富含维生素 C 的食物

3. 登革热

登革热是由登革病毒引起的急性虫媒传染病。

登革热主要通过蚊虫传播。登革热起病急，突发高热（达 39℃以上）、头痛、皮疹、淋巴结肿大。重症患者肌肉关节剧烈酸痛，休克、出血，还可能造成肝功能损害，甚至危及生命。患者在感染后 1～14 天发作，多数在 5～9 天发作。

预防登革热应保持生活环境的清洁卫生，及时清理排水沟、下水道，对水缸加盖，勤换水，在水塘内放养食蚊鱼等，避免造成蚊虫的繁衍环境。居家注意居室卫生的清洁工作。外出时应穿长衣长裤，在衣领、袖口、裤脚或裸露的皮肤上喷涂以卡氯菊酯为原料的驱蚊剂，预防蚊虫叮咬，做好防蚊措施（图 4-15）。

图 4-15　注意保持室内外清洁卫生

4. 艾滋病（获得性免疫缺陷综合征，AIDS）

艾滋病是由于机体感染人类免疫缺陷病毒（HIV）引发的全身性疾病。

艾滋病主要通过性传播、血液传播和母婴三种渠道传播，一般的接触不会传染艾滋病。性工作者、同性恋者和注射毒品者是艾滋病感染的高危群体。艾滋病潜伏期平均为6~8年，短的数月，长的数十年。

艾滋病患者会有持续1个月以上的发热（体温在38℃以上），盗汗，腹泻，6个月内体重下降10%以上，记忆力减退，性格改变，持续性全身淋巴结肿大等症状，还常伴有各种感染和肿瘤等并发症。

艾滋病患者应积极接受治疗，远离HIV暴露场所和可能感染的环境。

预防艾滋病应洁身自爱，不参与色情活动，不参与同性恋活动，不参与毒品活动。

5. 非性行为性病

非性行为性病，是指在非性接触下被传染的性病。

一些病原微生物离开人体后，在适宜的环境下还能生存一段时间，如淋病的淋球菌，在潮湿的毛巾、被褥、衣裤上可以生存10~72小时；在坐式马桶坐板上可存活18小时。因此，被性病患者接触或使用过的毛巾、被褥、马桶、浴缸等可能成为淋病、白色念球菌病、生殖器疱疹、阴虱病、阴道滴虫病、尖锐湿疣病等性病的传染源。

预防非性行为性病应避免直接触碰公共浴室、公共厕所的卫浴用品、坐式马桶等。在外住宿时，应选择达到卫生标准的酒店住宿；不使用未经消毒的马桶、浴缸、床单等用品；出行最好自带毛巾、水杯、剃须刀等日用品；尽量淋浴，不洗盆浴或池浴；使用坐式马桶应加用临时简易坐垫；睡觉时尽量穿长的内衣裤；做好个人卫生，饭前便后洗手。患者用品要单放单洗，及时消毒（图4-16）。

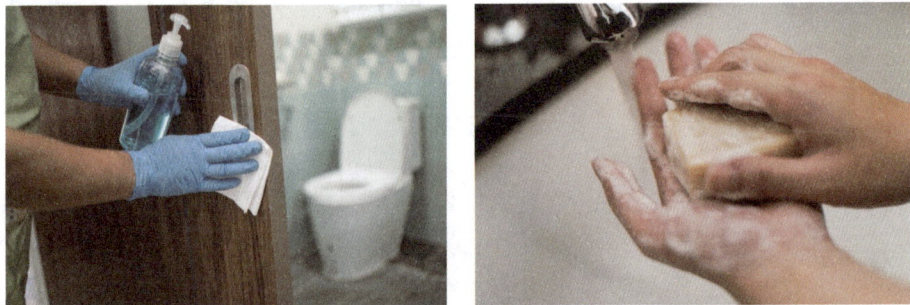

图4-16 注意卫浴用品和住宿用品的消毒

6. 军团菌病

军团菌病是由军团杆菌引起的急性呼吸道传染病。

军团菌主要存活于土壤和污水，由空气传播，自呼吸道侵入，临床表现类似肺炎。军团杆菌可能隐藏在空调冷却水、加湿器水、浴池水、温水泳池、喷头淋浴水、汽车水箱等各种人工管道系统中，成为被冷风吹出漂浮在空气中的致病菌。患者会有反复寒战、高热、头痛、肌肉痛、乏力、腹泻、呕吐、呼吸急促，甚至呼吸衰竭等症状。

预防军团菌病应避开高危的水环境，如停滞不流动的水、水温较高（25~42℃）、雾化的水；对污染源进行消毒，保持空调清洁，对饮用水进行高温加热以杀灭军团杆菌（图4-17）。

图4-17　注意空调、花洒等易储水处的清洁和消毒

#### 7. 新冠肺炎

新冠肺炎是由新型冠状病毒引起的肺炎。

新冠肺炎主要通过飞沫和接触传染。轻型患者主要表现为发热、干咳、咽痛等症状；重型患者与流感重症患者类似，需及时送医救治。

预防新冠病毒的防范措施主要有：戴口罩（图4-18）、勤洗手、勤消毒、勤换衣、勤通风。

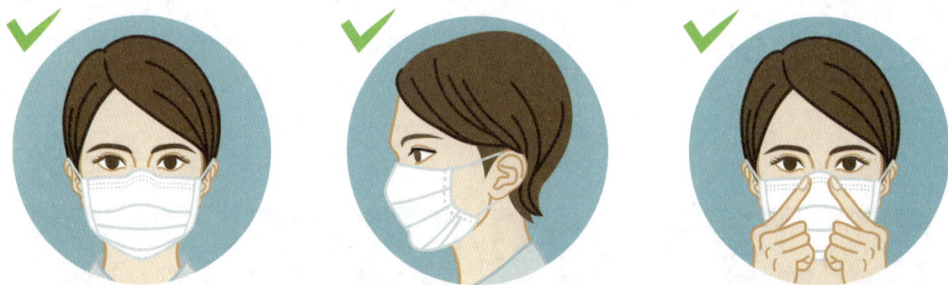

图4-18　正确佩戴口罩

应避免去有该病例发生的区域；避免人群聚集；避免与确诊病人握手、拥抱、亲吻；避免接触病人的痰、粪便等分泌物；避免使用病人用过的物品；避免与人共用毛巾等物；快递尽量选择无接触配送；避免直接触碰公用物品，可以戴手套、用餐巾纸或牙签等触碰（图4-19）。

图4-19　避免与病人握手、避免直接触碰公用物品

## 四、传染病的应急处置

### (一)前期处理

应尽快将病人送往有关医院,及早救治。注意观察病人出现的症状以便告知医生,合理判断。传染性疾病的主要症状是发热,体温高于38.5℃为高热;高于正常体温,但低于38.5℃为低热(图4-20)。

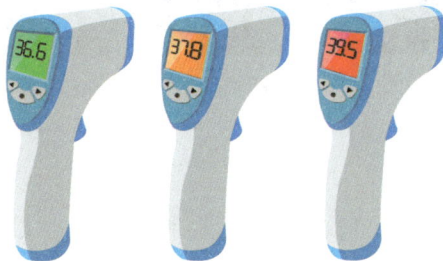

图4-20 人体温度警戒

对于病人表现出的前期症状可采取适当的措施。若出现低烧,应先补充体液;有条件的话,可用温水湿毛巾擦拭全身物理降温。测量体温应在饮食30分钟后进行会比较准确。低烧期间应注意及时增减衣物,所穿衣物不宜过多,以利于散热,但也不能太少,以免着凉。

若有高烧,患者会比较危险,应根据引发高烧的不同病因进行针对性的处理(图4-21)。

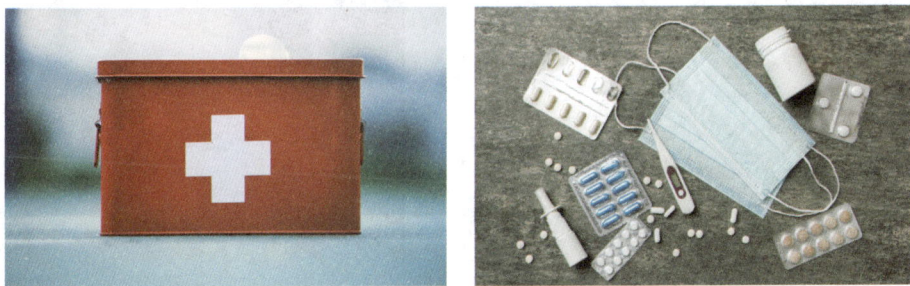

图4-21 传染病前期处理

### (二)疫情管理

1. 疫情报告

疫情报告是预防和控制传染病流行的重要措施,发现传染病或疑似传染病,应及时向有关部门报告。

2. 控制隔离

应将病人送医院进行隔离治疗和医学观察,对传染病患者接触过的有关场所、物品等进行消毒。要避免与传染病人接触,应配备适宜的防护用品,呼吸道传染病要保持室内空气流通,其生活用品要与健康人分开。对一些传染性疾病,特别是病因不明的,应控制人员的广泛流动，限制出入境，加强出入区域和出入口的相关卫生检查（图4-22）。

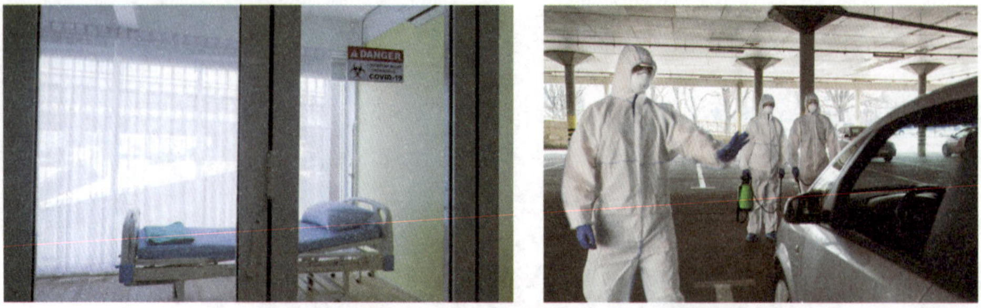

图4-22　传染病人要隔离治疗、车辆人员要限行

### 3. 病因调查

查明疫情的病因是有效进行抢救、治疗、控制和预防的关键。每个人都应积极配合进行相关调查，根据病因采取有效措施进行救治和防控。

### 4. 卫生监督

应做好公共卫生的监督工作。例如：加强餐厅、公共浴室、酒店、饭店等公共场所的环境卫生、公共用品、用具的清洗、消毒和保洁工作；监督检查食品生产、销售、防尘、防蝇、防鼠、防蟑螂等落实情况；监督垃圾清理和运输工作；相关人员的健康检查及上岗资格检查等（图4-23）。

图4-23　加强公共卫生的监督工作

**思 考 题**

1. 请举例说明食物污染的各种类型。
2. 请举例说明各种常见食物变质的辨别方法。
3. 在何种状况下可以初步判断可能是食物中毒？应采取什么急救措施？
4. 请举例说明常见传染病的种类及防范措施。
5. 当传染病事件发生时，应如何应对？

# 第五章　社会安全事件的防范与应对

📝 **本章学习目标**

- ◆ 了解校园恐怖袭击事件的防范措施。
- ◆ 掌握人群失控事件的发生机制。
- ◆ 具备应对校园恐怖袭击和人群失控事件的基本能力。

## 第一节　校园恐怖袭击事件

恐怖袭击事件是恐怖分子对非武装人员有组织地使用暴力或以暴力相威胁，通过将一定的对象至于恐怖之中以达到某种目的的犯罪行为。

### 一、恐怖袭击事件的防范措施

(1) 应牢记紧急联络电话。

(2) 应熟悉公共场所的紧急出口。

(3) 准备家庭联系方案，确保发生意外事件时，可以及时联系到家庭成员。

(4) 准备学校联系方案，确保发生意外事件时，可以及时联系学校有关部门的工作人员。

(5) 准备应急物资包，包括2~3天的食物、饮用水、药品、电池、手电等(图5-1)。

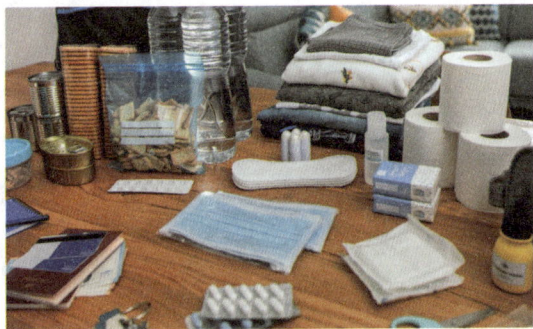

图5-1　应急物资包示例

(6) 应注意观察周围环境，提高警惕，留意不寻常的活动。

(7) 不接受陌生人的包裹，不将行李物品交给陌生人保管。

### 二、恐怖袭击事件的应对措施

#### (一) 不明包裹事件

不明包裹事件是指发现无主包裹或收到来历不明包裹引发的欺诈或恐怖袭击事件。

不明包裹通常具有以下特征：收件人称呼、地址有误，无邮票、无邮戳、无寄信人地址，邮戳地区与寄件人地址不符合，包裹上字迹怪异或是剪贴的印字，包裹上有过多胶布、有异味、有异常声响等。

（1）若发现不明包裹，应保持冷静，并及时向公安机关报警（图5-2）。

图5-2　不明包裹示例

（2）报警时，应讲明发现不明包裹的时间、地点和相关情况。

（3）发现不明包裹时，应做到：不触碰，不嗅闻、不摇晃、不打开。

（4）若是不明邮件，应将其放入塑料袋收好，交给警察处理。

（5）应及时洗手，清洁不明邮件或包裹存放处。

## （二）爆炸事件

爆炸事件是通过爆炸物爆炸实施毁灭性破坏的犯罪事件（图5-3）。

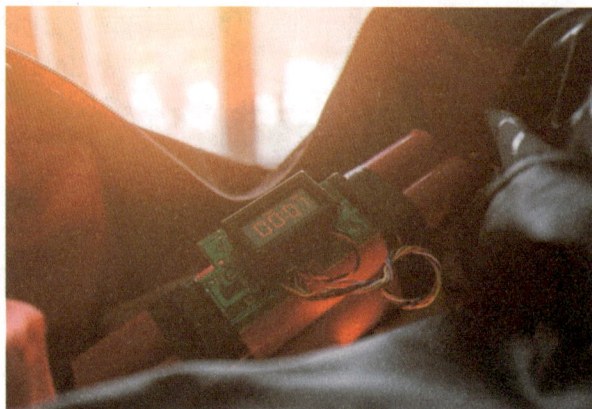

图5-3　爆炸物

（1）在发现爆炸物或收到爆炸恐吓电话时，应保持冷静，并及时向公安机关报警。

（2）应尽量收集从恐怖分子处得到的信息，及时记录对方所说的话。

（3）应注意恐吓电话的背景声音，例如特殊的音乐、机器声响、对方的声音特质等。

（4）若接到恐吓电话时，周围有其他人，应及时向周围人预警。

（5）在接到爆炸物威胁后，千万不要触碰特殊的包裹，应尽快报警。

（6）报警时，应讲明发现爆炸物或收到爆炸恐吓电话的时间、地点和相关情况。

（7）应尽可能地保护现场，不轻易触动可疑爆炸物，等待专业人员来处理（图5-4）。

图 5-4　专业人士处理可疑爆炸物

（8）若发现可疑爆炸物是在室内，要尽量远离玻璃等易碎物品。

（9）在发生爆炸瞬间，应屏住呼吸，防烟防毒；嘴巴应保持张开状，以避免爆炸所产生的强大冲击波击穿耳膜，引起永久性耳聋。

（10）若爆炸发生在室内，应就近躲避在结实的桌椅下。若爆炸发生在室外，应迅速卧倒，背朝爆炸冲击波方向，脸部朝下。若附近有水塘，最好侧卧在水塘里。

（11）逃生时，应以低姿势迅速逃离爆炸区域，不要乱跑乱叫，并用毛巾或衣服捂住口鼻。

（12）爆炸现场有伤员需要救助时，应保持冷静，检查伤员受伤情况，迅速采取急救措施。对伤者进行止血、包扎、固定伤处。若伤员呼吸停止，应迅速清除伤者呼吸道的异物，立即进行人工呼吸和心脏按压。

### （三）毒气事件

毒气事件是恐怖分子释放有毒气体，致使一定范围内人畜产生中毒的恐怖事件。出现有毒气体时，可能会有异常的气味，导致人们出现恶心、胸闷、头晕、惊厥等不良反应。

（1）遭遇毒气时，应迅速采取措施进行紧急防护，尽快用衣服、帽子、口罩等物品保护自己的眼、鼻、口，防止毒气摄入。

（2）应快速找到出口，撤离现场，保持冷静，有秩序地撤离（图 5-5）。

图 5-5　应急出口标识

（3）撤离时，不要慌乱，不要拥挤，不要喊叫。

（4）撤离时，要注意风向，应朝着毒气的逆流动方向撤离（图 5-6）。

图 5-6　注意毒气的流动方向

(5) 应及时报警，请求救助。

(6) 撤离后，要及时脱去被污染的衣物，及时消毒。

(7) 应尽快到医院检查，必要时进行排毒治疗。

(8) 听从相关人员的指挥，配合相关部门做好后续工作。

### (四) 人质劫持事件

恐怖分子通过胁迫、暴力或麻醉等方式，劫持人质以达到威胁人质家属、相关组织或政府的犯罪行为。

(1) 若被恐怖分子劫持，应保持镇静，不要意气用事，不要行为失控。

(2) 要坚定求生的信念，努力克服畏惧、恐慌心理。

(3) 要尽量保存体力，保护自己，若无充分把握，不轻易逃跑或反抗。

(4) 若有可能，在被捆绑时，尽可能使胳膊、腿、脚向外绷紧，顶住绳索，留下尽量多的空隙。等绑匪离开后，尝试松动绳索。

(5) 应尽可能观察和利用周围环境，与恐怖分子尽量保持距离，随机应变。

(6) 尝试与恐怖分子保持沟通，争取更多的存活机会。同时记住恐怖分子的相貌、身型、发型、衣着、口音等特征。

(7) 应观察时机，设法抓住恐怖分子的漏洞，设法向外传递信息，等待救援。

(8) 不要激怒恐怖分子，尽量满足恐怖分子的一些合理要求，以稳定其情绪。

(9) 在警察向恐怖分子发起攻击时，人质应立即扑倒在地。

(10) 若能行动，应配合警察指令迅速撤离，不要慌乱，尽量保持冷静 (图 5-7)。

图 5-7　撤离标识

# 第二节　人群失控事件

人群失控事件是指在人群聚集的场所，有时会因为人群密度过大，密集人群的流动遭遇风险，进而引发某些失控状况，甚至造成人员伤亡的事件。

**人群密度**

人群密度反映一定空间内人员的密集程度。通常以单位面积上的人员数量来表示（人/m²），也可用每人所占面积来表示（m²/人）。人群密度过大时，就会造成拥挤。当人群密度达到一定的临界值时，就有可能会发生人群踩踏和挤压事故。

## 一、导致人群失控事件的主要原因

（1）人流规模超过管理人员与人群自身的控制能力。

（2）实际产生事故的危害信息难以被身处其中的人群辨识，造成信息不对称，从而导致人群恐慌。

## 二、事故导火索与爆破效应

聚集的人群就像危险的火药，一旦有了事故导火索，就会引爆，产生爆破效应，酿成事故（图5-8）。

图5-8　聚集的人群

人群失控事件往往是由一些小事故所引发，这些小事故就是事故导火索。

爆破效应是指在人流群集时，一旦出现事故导火索，在人的逃避心理作用下，少数人因恐惧产生狂躁情绪并采取不理智的行为。其避难行动常常是自私、不合作、不合理的，并感染给周边的人，引起群体情绪的狂躁与行为的不理智，形成爆炸式的反应，造成事故损失的成倍增加。

**可能的事故导火索**

（1）人群较为集中时，前面有人摔倒，后面人未留意，没有止步，导致踩踏。

（2）人群因过于兴奋、愤怒等而出现骚乱，易发生踩踏。

（3）因好奇心驱使，专门找人多拥挤处去探索究竟，造成不必要的人员集中而发生踩踏。

（4）人群受到惊吓，如听到爆炸声、枪声、惊呼声等，出现惊慌失措的失控局面，在无组织的逃生中发生拥挤踩踏。

## 三、人群流动现象

人群在移动过程中的行进速度并不取决于个体的平均行进速度，而是取决于人群的密度。人群密度越大，群体的行进速度越低。当人群密度达到一定极限时，会由于过度拥挤而不能前进。当人流量过多时，往往形成群集，疏散速度接近零，容易出现人员踩踏事故。

研究显示，在聚集的人群中，人群密度是造成拥挤踩踏的最根本原因。

**如何判断安全的人群密度**

（1）在人群中，如果你的行动与周围的人没有身体接触（1.5人/m²），这时的人群密度是安全的，不拥挤（图5-9）。

图5-9  不拥挤的情况（1.5人/m²）

（2）在人群中，如果你的行动中无意间撞到了身边的一两个人（3人/m²），说明有些拥挤了。虽然没有直接危险，但最好远离拥挤的中心（图5-10）。

图5-10  有些拥挤的情况（3人/m²）

（3）在人群中，如果你行动时，手已经不能自由移动，甚至难以摸到自己的脸（4人/m²），那就说明人已经太多了，你已经处于很拥挤的状态了（图5-11）。

图5-11　很拥挤的情况（4人/m²）

（4）在人群中，如果你所处的位置已达到每平方米的人数达到6人甚至更多人数时（≥6人/m²），人与人之间就会非常拥挤，哪怕是最轻微的活动也会在人群中引起连锁反应进而发生拥挤踩踏危险，甚至人们会失去移动四肢的能力，并经常受挤压窒息而死（图5-12）。

图5-12　非常拥挤的情况（≥6人/m²）

密集的人员流动产生群集行为。群集行为通常有以下三种表现：

1. 成拱现象

成拱现象是当人群从宽敞的空间涌向较狭窄的出入口或楼梯口时，除了正常的人流之外，处于危急之中的人由于逃避心理的作用，会从两侧挤入，由于群集密度增加而在狭窄处形成拱形的群集现象。成拱现象妨碍了正常的人群流动，会因为所有人挤在一起无法通过。一旦构成拱形，各个方向的力量不平衡，就会出现"拱崩溃"，此时部分人由于突然失去平衡被推倒，成为被踩踏的对象。若没有良好的疏散引导，狭窄处会反复出现"成拱"和"拱崩溃"现象，不断造成人员伤亡。

2. 异向群集

异向群集是指来自不同方向的人群相遇并产生对抗的群集现象。异向群集往往是由于人群疏散的路线设计不当造成的，室内外均可发生。在紧急情况下，人们希望以最快的速度、最短的路径到达自己认为最安全的地方。当疏散人群的行进路线发生交叉或冲突时，来自不同方向的人群相互冲突、相互拥挤与阻塞，形成对抗，导致推倒或绊倒，进而引发伤亡事故。

3. 异质群集

异质群集是指人群中每个个体的行进速度和承受拥挤的能力不同而产生的群集现象。行进速度明显低于群体平均行进速度的人就是异质群体，例如老人、小孩、妇女、停下来弯腰拾物的人、蹲下来系鞋带的人等。在紧急情况下，人们都急于超过那些在自己前面的异质群体，走得慢的人就有可能被后面的人推倒或绊倒，进而产生连锁反应，造成踩踏事故。

人群失控事件发生机制如图 5-13 所示。

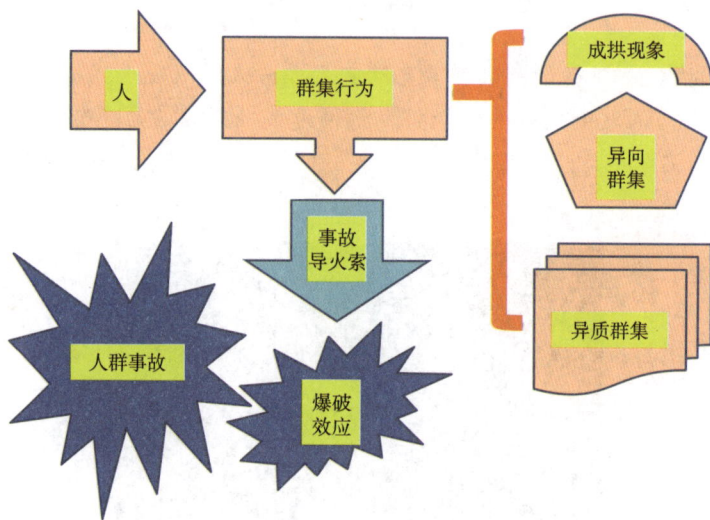

图 5-13　人群失控事件发生机制示意图

**案例**

韩国梨泰院踩踏事故

2022 年 10 月 29 日晚间，在韩国首尔梨泰院发生了一场严重的踩踏事故，该事故共造成 159 人死亡、196 人受伤。梨泰院踩踏事故发生在一个宽约 3.2 米，长约 45 米的斜坡路段。当时在一段约为 18 平方米的空间聚集了约 300 人。据称，事故导火索为人潮拥挤引发严重挤压，造成人群难以自由移动。当人群被推挤到发生事故的窄巷时，多人在一酒吧前几乎同时摔倒，摔倒的人群又造成后继人员不断被推倒。最终，由于挤压严重，造成大规模伤亡事故。而且，事发地所属地方政府、警方和消防部门等相关机构未提前制定风险预案，事发后也未及时采取应急措施并开展搜救工作，导致了救助的延误和人员伤亡惨重。

## 四、人群失控事件的防范措施

（1）提高防范意识，自觉远离人多拥挤的地方。

（2）不要被好奇心驱使挤进人群凑热闹。

（3）在拥挤的人群中，要时刻保持警惕。当发现有人情绪不对或人群开始骚动时，就要做好准备保护自己（图5-14）。

图5-14　在拥挤的人群中要警惕

（4）如果带着孩子，应尽快把孩子抱起来。

（5）若拥挤的人群向自己涌来，不可逆向人流前进，应马上向安全出口迅速逃离。

（6）在走避不及的情况下，应马上躲到最近的商店或民居，或躲到适当的角落，直到人流过去。

（7）参加大型聚会活动时，应事先了解地形，找到紧急出口，看清各种疏散路线标志（图5-15）。

图5-15　事先了解大型聚会活动的紧急出口位置

（8）在拥挤的人群中，千万不要弯腰捡东西、系鞋带。

（9）陷入拥挤的人流时，尽量稳住重心，千万不能被绊倒。

（10）不要试图强行用力往外挤，不要试图超过别人。

（11）在人群集中上下楼梯时，不要抢行，不要打闹嬉戏，注意台阶。

## 五、人群失控事件的应对措施

### （一）拥挤人群中的应对措施

（1）在人群中应保持冷静，仔细观察周围环境。

（2）应尽量让自己保持平衡并随着人流一起走。

（3）应尽量远离任何墙壁、栅栏等固定障碍物，以免被困住，甚至被人群的压力挤压在障碍物上不能动弹。

（4）若有可能，在人流迅速密集时先爬到高处（窗台、桌子、车顶、柱子等）等待，直到人群散去或情况变得更安全时再下来。

（5）远离狭小的通道或阻塞点。

（6）在人群中移动时，保持拳击手的屈臂姿势，在胸前形成一定空间，保护胸部，以便能呼吸通畅。

### （二）摔倒时的应对措施

（1）发现别人摔倒时，应大声呼救，不再前行，并告诉后面的人别靠近。同时也应该尽力拉起滑倒或跌倒的人。

（2）一旦自己摔倒时，要尽快站起来。

（3）如果自己一时不能站起来，应立即双手交叉放在颈部、后脑部，双臂夹在头部两侧，保护好头部；身体向右侧卧呈蜷曲状，双膝尽量前屈，以此形成一定空间保证呼吸，避免脑部、脊椎受到踩踏。

（4）一旦来自人群的或向右压力缓解，应立即重新站起来。

**思 考 题**

1. 请举例说明不明包裹的特征。应如何处理不明包裹？
2. 若自己被歹徒当成人质劫持，应如何应对？
3. 若遭遇爆炸或毒气事件，应采取什么措施积极应对？
4. 请举例说明人群失控事件的发生机制。
5. 如何防范人群失控事件的发生？应采取什么措施应对人群失控事件？

# 第六章　心肺复苏和 AED 的使用

✏️ **本章学习目标**

◆ 了解心脏骤停的表现。
◆ 了解心肺复苏的步骤。
◆ 了解如何使用 AED。

## 第一节　心脏骤停

心脏骤停是指患者在正常或无重大病变的状态下，受到严重打击，心脏突然停搏，有效泵血功能消失，导致全身严重缺血、缺氧。心脏骤停时心脏可能是完全停止跳动，也可能处于心室颤动状态。

### 一、心脏骤停的原因

引发心脏骤停的原因可分为两类：一是心源性心脏骤停，因心脏本身的病变所致；二是非心源性心脏骤停，由其他疾病或因素影响心脏所致。

心源性心脏骤停的原因包括：冠状动脉粥样硬化性心脏病，急性冠状动脉供血不足或急性心肌梗死引发室颤（图6-1）或心室停顿；心肌病变，急性病毒性心肌炎及原发性心肌病常并发室性心动过速或严重的房室传导阻滞，导致心脏骤停；主动脉疾病，如主动脉瘤破裂、夹层动脉瘤、主动脉发育异常等。

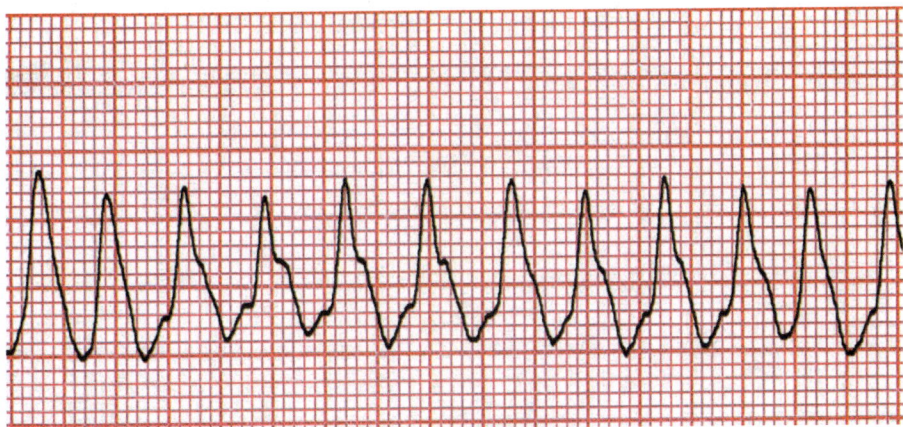

图6-1　室颤心电图

非心源性心脏骤停的原因包括：呼吸停止，如气管异物、烧伤或烟雾吸入致气道组织水肿等；严重的电解质和酸碱平衡失衡，严重缺钾和严重高血钾导致的心脏骤停；药物中毒或过敏，氯喹、洋地黄类、奎尼丁等药物的毒性反应引发的严重心律失常导致心脏骤停；电击、雷击或淹溺；麻醉和手术意外等。

## 二、心脏骤停的临床表现

心脏骤停可表现为心室颤动、心室静止、心电—机械分离三种类型，心脏停止跳动后，血流运行立即停止，人体的脑组织对缺氧最为敏感，因此心脏骤停后临床上以神经系统和循环系统的症状最为明显，具体如下：

（1）意识突然丧失或伴有短暂抽搐。

（2）脉搏摸不到，血压测不出。

（3）心音消失。

（4）呼吸断续，呈叹息样，随后停止，多发生在心脏骤停后30秒内。

（5）瞳孔散大。

（6）面色苍白兼有青紫。

# 第二节　心肺复苏的步骤

针对心脏骤停的抢救，现代心肺复苏法于20世纪五六十年代逐步形成，美国心脏病协会于1974年开始制定心肺复苏指南，每五年更新修订一次，目前最新版本为2020年发布的心肺复苏（CPR）和心血管急救（ECC）指南。指南中对于院外心脏骤停的急救提出的生存链包括启动应急反应系统、高质量的心肺复苏、除颤、高级心肺复苏、心脏骤停恢复自主循环后治疗和康复六个环节，即完整的心肺复苏包括基础生命支持、进一步生命支持和延续生命支持三个部分。对于非专业的急救员来讲，遇到院外心脏骤停的情况，重要的是做到生存链的前三个环节，也就是基础生命支持部分。

## 一、基础生命支持概述

基础生命支持，又称初期复苏处理或现场急救，主要目的是向心脏、大脑以及全身重要器官供血供氧，延长机体的耐受临床死亡时间。临床死亡是指患者心跳、呼吸停止，机体完全缺血，但仍然存在实施心肺复苏和脑复苏的一段时间，通常是4分钟。心肺复苏的成功率与抢救是否及时有效有关，若能在患者发生心脏骤停后的4分钟内进行基础生命支持，8分钟内进行电除颤，存活率可到40%，抢救时间越早，复苏成功率越高。

## 二、基础生命支持的步骤

对于院外心脏骤停患者的基础生命支持，实施步骤为判别患者状态并启动急救医疗服务系统、摆正患者的体位、实施胸外按压、开放气道和进行人工呼吸，5组循环后重新评估患者。

### （一）判别患者状态并启动急救医疗服务系统

心脏骤停的患者最可靠且较早出现的临床征象是意识丧失伴大动脉搏动消失、呼吸停止，即无意识、无心跳、无呼吸，对于非专业的急救员来讲，若无法准确判断患者脉搏情况，但发现患者已经是无意识状态，应立即拨打急救电话，启动急救医疗服务系统（图6-2），同时呼喊周围人拨打急救电话或参与到现场急救中来。

图6-2  拨打急救电话

评估意识时可通过轻拍患者双肩，在其双侧耳边高声呼喊其名字或某女士、某先生（图6-3），评估时间在10秒以内，如果没有反应，则表明患者失去意识。

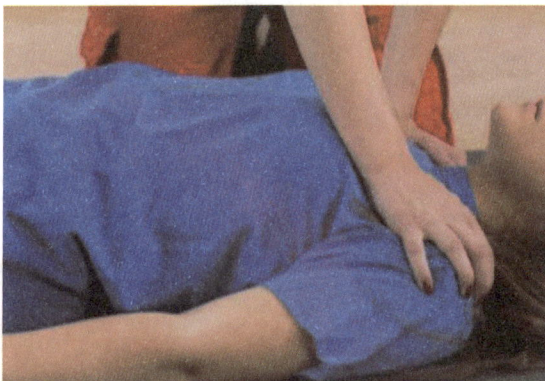

图6-3  轻拍患者双肩

评估心跳状态可通过触摸患者的颈动脉搏动，方法是施救者一手扶住患者额头，另一手食指和中指找到甲状软骨，向气管旁侧滑动两指，在气管与颈侧肌肉之间即可触及颈动脉（图6-4）。找到颈动脉位置后一边两手指触摸在颈动脉处，一边自己口述1001、1002、1003……评估时间在10秒以内，如果未触及脉搏搏动，则表明患者心跳停止。

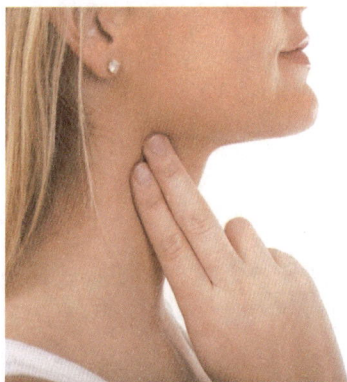

图6-4  颈动脉的位置

评估呼吸状态可与评估心跳状态同时进行，在触摸颈动脉的同时，施救者可俯身侧头用眼角余光观察患者的胸廓起伏状态，评估时间也在10秒内，如果胸廓无起伏，则表明患者呼吸停止（图6-5）。

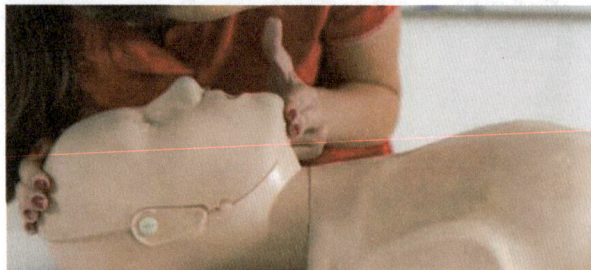

图6-5　评估患者的呼吸

确认患者无意识、无呼吸、无心跳（非专业人员对触摸颈动脉不做强制要求）后立即实施心肺复苏。

### （二）摆放患者体位

在实施心肺复苏前要先将患者安置于一个安全的环境中，如在火灾现场应先带患者脱离火场，然后让其平躺仰卧于平地或硬木板上，保持患者的头颈部与躯干在同一轴线上，双臂放置于身体两侧（图6-6）。

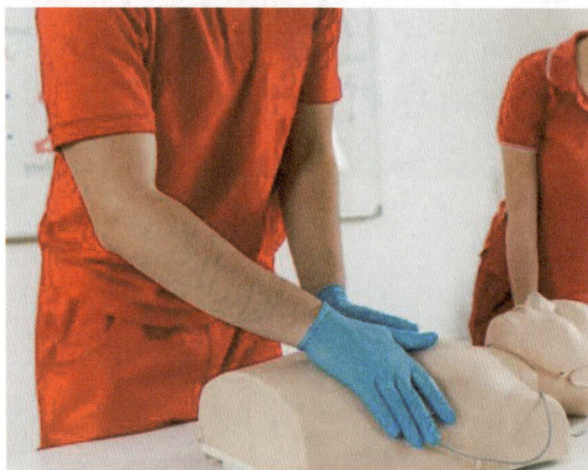

图6-6　摆放患者体位

### （三）实施胸外按压

1. 胸外按压的部位

实施胸外按压前首先要确定按压的部位，一般为患者两乳头连线的中点（图6-7），但对于一些体型肥胖或乳头下垂的患者来讲，可用一手食指和中指沿患者肋弓下方向上滑行至两肋弓交汇处，另一手掌根部紧贴第一只手的食指平放，即为胸骨中下1/3处，使掌根长轴与患者胸骨长轴保持一致。

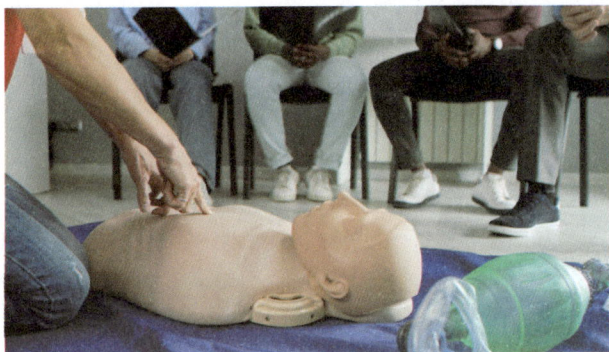

图 6-7　胸外按压的部位

**2.胸外按压的姿势**

施救者位于患者一侧，为确保按压力量垂直作用于患者胸骨，可根据施救者身高和患者所处位置的高低，采用站立位或踩脚踏凳或双腿跪于患者一侧，按压时施救者双手十指相扣，其中一手掌根紧贴患者胸部按压部位，另一手重叠放在此手背上，保持手掌根部长轴与胸骨长轴一致，两臂位于患者胸骨正上方，双肘关节伸直，以髋关节为支点，利用上身重量垂直下压（图 6-8）。

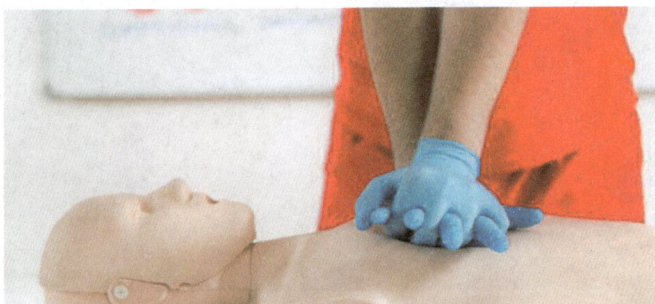

图 6-8　胸外按压的姿势

**3.胸外按压的深度**

对于成人患者来讲，按压深度为 5 厘米，对于儿童和婴幼儿来讲，按压深度为胸廓前后径的 1/3（图 6-9）。

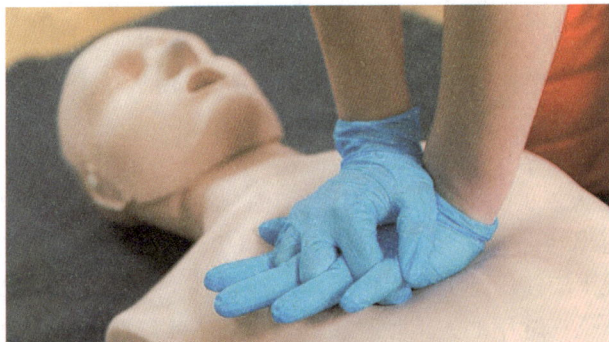

图 6-9　胸外按压的深度

4. 胸外按压的频率

按压频率为100～120次／分钟，施救者按压时可口述1、2、3……至30为一组完整的胸外按压。

## (四) 开放气道

患者无意识时肌张力降低，舌体和会厌可能阻塞咽喉部，因此上抬下颌可以防止舌后坠，使气道打开，既有助于患者自主呼吸，也便于施救者实施人工呼吸。当患者无头颈部创伤时，可以采用仰头举颏法开放气道，当患者头颈部受伤时则可采用托颌法开放气道。

1. 仰头举颏法

施救者一手放在患者前额，用手掌小鱼际把额头用力向后推，使患者头部后仰，另一手食指和中指并拢放在患者下颌骨处，向上抬起下颏，使下颌角与耳垂的连线和平卧的地面成90°角，不要用力压迫下颌部的软组织，避免阻塞气道（图6-10）。

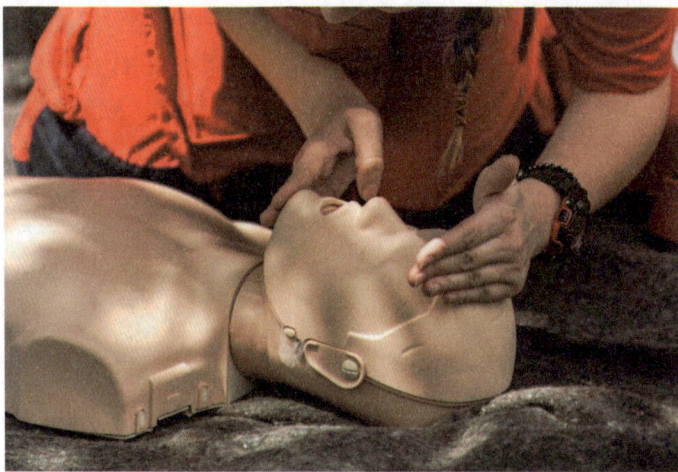

图6-10　仰头举颏法

2. 托颌法

施救者双肘关节支撑在患者仰卧的平面上，双手置于患者头部两侧，握紧其下颌角，用力向上托起下颌，如果患者口唇紧闭，可用拇指将口唇分开。对疑似头颈部创伤的患者来讲，使用托颌法更安全，不会因为颈部活动加重损伤。

在开放气道的过程中，如果发现患者口腔中有异物或呕吐物、分泌物时，要先将患者的头偏向一侧，用食指抠出异物或用纱布缠绕手指清除口腔中的呕吐物和分泌物。

## (五) 进行人工呼吸

人工呼吸是指用人工的方法，如手法或机械，借助外力推动肺、膈肌或胸廓的运动，使气体被动进入或排出肺部，以保证机体的氧供和二氧化碳排出。开放气道后进行人工呼吸时，有条件的情况下应使用人工呼吸面膜（图6-11），可以避免直接接触患者的口鼻，以便保护自己，减少感染。常用的人工呼吸法有口对口人工呼吸、口对鼻人工呼吸、球囊—面罩通气。

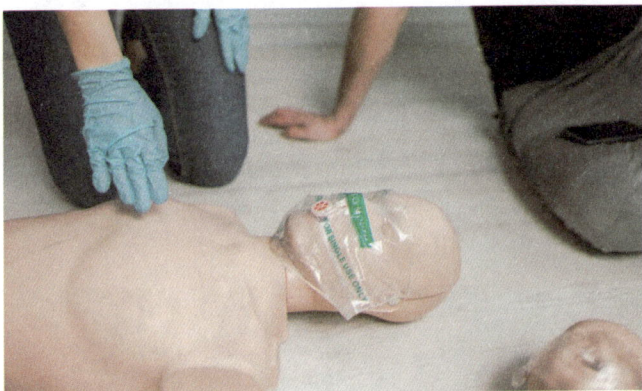

图 6-11　人工呼吸面膜

1. 口对口人工呼吸

口对口人工呼吸是一种快捷有效的通气方法，呼出气体中的氧气可以满足患者的需求。实施口对口人工呼吸时，施救者一手小鱼际部压住患者前额，拇指和食指捏住患者鼻孔，防止漏气，另一手食指和中指抬起患者下颏，用口唇把患者的口唇完全包住，呈密封状，缓慢吹气，每次吹气时间持续约 1 秒，吹气的同时用眼角余光观察患者胸廓是否起伏，以确保吹气有效。每个循环吹气 2 次（图 6-12）。

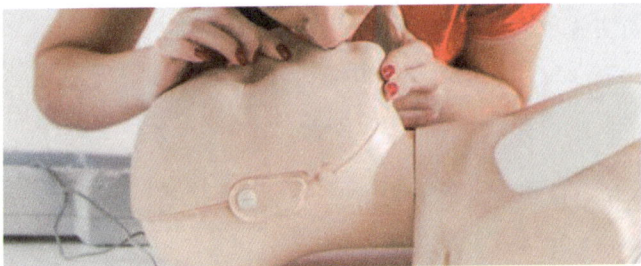

图 6-12　口对口人工呼吸

2. 口对鼻人工呼吸

口对鼻人工呼吸适用于那些不能经口吹气者，如牙关紧闭不能张口、口唇创伤等。救治淹溺患者时尤其适用口对鼻人工呼吸。实施口对鼻人工呼吸时，施救者一手压住患者前额往后推，另一手抬起下颏，使患者口唇紧闭，用口唇完全包住患者的鼻子，吹气时用眼角余光观察患者胸廓是否起伏，吹气后离开患者鼻子，让气体自动排出。如果有简易呼吸面罩，用面罩罩住患者口鼻，施救者可通过面罩的单向阀门吹气为患者进行通气。每次吹气时间持续约 1 秒，每个循环吹气 2 次（图 6-13）。

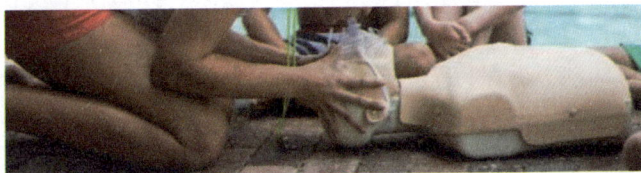

图 6-13　使用简易呼吸面罩进行口对鼻人工呼吸

### 3. 球囊—面罩通气

现场如有条件时可以使用简易呼吸器即球囊—面罩进行通气。使用球囊—面罩通气时，施救者需先检查面罩和呼吸囊有无破损，然后站在患者头侧，一手拇指和食指呈 C 形按住面罩，将面罩扣住患者口鼻，中指、无名指、小指呈 E 形托住患者的下颌部位，以开放气道；同时，另一手挤压呼吸囊进行通气，每分钟 10～12 次，期间应注意避免过度通气，每次通气应达到 1 秒以上，不可过于用力（图6-14）。

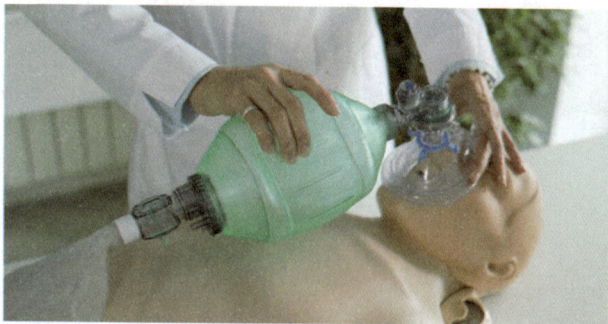

图6-14　球囊—面罩通气

## 三、单人心肺复苏步骤

非专业急救人员实施单人心肺复苏时，操作步骤如下：

（1）确认现场环境安全，评估患者意识，双手轻拍患者双肩，并在其双侧耳边大声呼喊，看患者有无反应，若无反应，立即启动急救医疗服务系统，呼喊周围人参与到现场急救中来。

（2）观察胸廓起伏确认患者呼吸状况，确认无呼吸、无意识、无心跳（非专业人员对触摸颈动脉不做强制要求）后立即实施心肺复苏。

（3）将患者摆放于平坦坚硬的平面上，保持仰卧位。

（4）松解患者衣领，找到胸外按压部位，迅速定位，垂直按压 30 次，按压频率为 100～120 次/分钟。

（5）观察患者口腔有无异物，如有，将患者头偏向一侧后把异物清除。

（6）使用仰头举颏法或托颌法开放患者气道。

（7）进行人工呼吸 2 次，以 30∶2 的按压∶通气比例为一组循环，进行 5 个周期的心肺复苏，然后重新评估患者情况，评估时施救者一手触摸患者颈动脉搏动情况，可口述 1001、1002、1003……一般不超过 10 秒，同时观察患者的意识和胸廓起伏情况，来判断患者的心跳、意识和呼吸。

（8）如果患者恢复呼吸，但意识尚未清醒，则在确认患者无脊柱损伤的情况下，将患者摆放为恢复体位，即患者侧卧，头部稍向后仰偏向一侧，身体上方的一侧手臂、手掌、掌心向下，放置于患者的颌下，保持头部姿势稳定，使呼吸道通畅，促进口腔内分泌物及呕吐物流出，防止窒息，身体下方的手弯曲肘关节摆成直角，防止患者向前滚动，身体下方的腿部伸直，尤其是小腿与脊柱应在同一条直线，位于上方的大腿要屈起，用膝关节支撑地面，保证身体平面与地面呈 45° 角，每 5 分钟观察一次病人心跳、呼吸及意识恢复情况。

停止实施单人心肺复苏的情况：①患者恢复自主呼吸和心跳；②复苏时间超过 30 分钟，而患者仍无意识、无心跳、无呼吸；③施救者过度疲劳无法继续操作。

## 四、双人心肺复苏步骤

如果现场有至少两个人参与到急救中来时，可以实施双人心肺复苏，操作步骤如下：

(1) 施救者 A 确认现场环境安全，评估患者意识，双手轻拍患者双肩，并在其双侧耳边大声呼喊，看患者有无反应，若无反应，立即启动急救医疗服务系统，让施救者 B 拨打急救电话，呼喊周围人参与到现场急救中来。

(2) 观察胸廓起伏确认患者呼吸状况，确认无呼吸、无意识、无心跳(非专业人员对触摸颈动脉不做强制要求)后立即实施心肺复苏。

(3) 施救者 A 和 B 合力将患者摆放于平坦坚硬的平面上，保持仰卧位。

(4) 松解患者衣领，施救者 A 位于患者一侧，找到胸外按压部位，迅速定位，垂直按压 30 次，按压频率为 100～120 次 / 分钟。

(5) 施救者 B 位于另一侧靠近患者头部，先观察患者口腔有无异物，如有，将患者头偏向一侧后把异物清除，再用仰头举颏法或托颌法开放患者气道，保持气道通畅，同时监测颈动脉搏动，并在施救者按压 30 次结束后进行人工呼吸 2 次。按压：通气比例为 30：2。

(6) 双人心肺复苏时对患者的再评估是在操作过程中同步进行的，施救者 A 实施胸外按压时施救者 B 就在实时监测患者是否恢复自主呼吸和心跳，当施救者 A 疲劳时可与施救者 B 交换角色。在停止按压进行检查前应至少完成 2 分钟的按压和通气循环操作，停止按压的时间不超过 10 秒。

## 五、儿童心肺复苏步骤

(1) 施救者先确认现场环境安全，评估患儿意识，双手轻拍患儿双肩，并在其双侧耳边大声呼喊，看患儿有无反应，若无反应则立即启动医疗急救服务系统，同时呼喊周围人参与到现场急救中来。

(2) 观察胸廓起伏确认患儿呼吸状况，确认患儿无意识、无呼吸、无心跳(非专业人员对触摸颈动脉不做强制要求)立即实施心肺复苏。

(3) 将患儿摆放于平坦坚硬的平面上，保持仰卧位。

(4) 找到患儿胸外按压的位置，按压部位为胸骨下 1/2 处，采用单掌或双掌按压，频率为 100～120 次 / 分钟，深度至少为胸廓前后径的 1/3(图 6-15)。

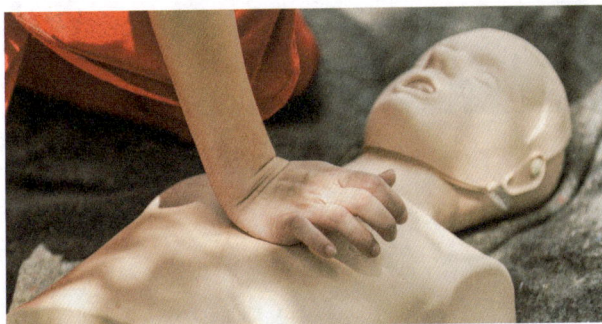

图 6-15 儿童胸外按压的部位和手势

（5）采用仰头举颏法打开患儿气道，使患儿下颌角与耳垂的连线和平卧面呈 60° 角。

（6）观察患儿口腔如有异物，先清除。

（7）采用口对口或口对口鼻进行人工呼吸 2 次，以 30∶2 的按压∶通气比例为一组循环，进行 5 个周期的心肺复苏后再次评估患儿情况。

## 六、婴儿心肺复苏步骤

（1）施救者先确认现场环境安全，通过拍打患儿的足底或足跟（图 6-16），评估患儿的意识，确认患儿无意识立即启动医疗急救服务系统。

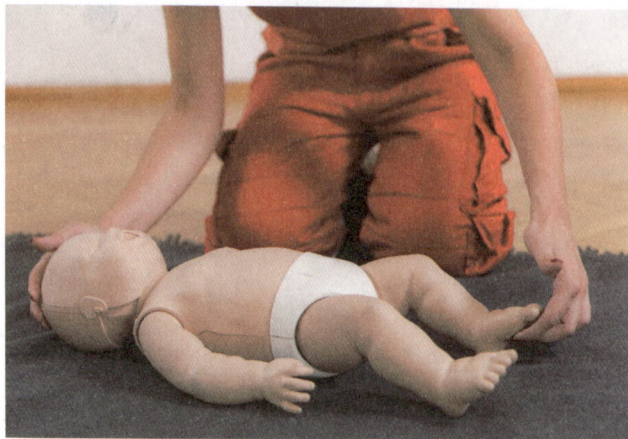

图 6-16　评估婴儿意识

（2）观察患儿胸廓起伏情况来判断其呼吸状况（图 6-17），确认患儿无意识、无呼吸、无心跳（非专业人员对触摸肱动脉不做强制要求）立即实施心肺复苏。

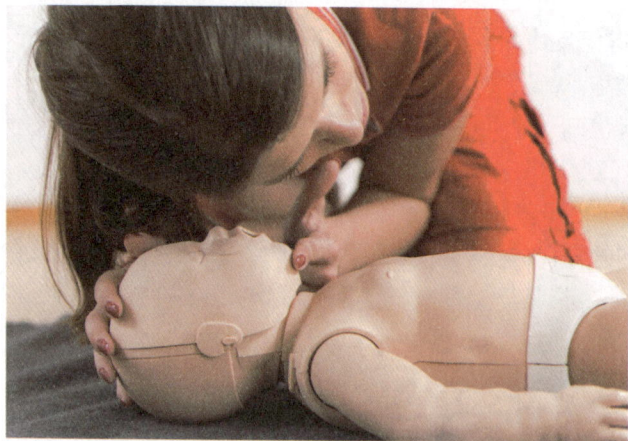

图 6-17　评估婴儿呼吸

（3）将患儿摆放于平坦坚硬的平面上，保持仰卧位。

（4）找到患儿胸外按压的位置，按压部位为胸部正中两乳头连线下方，采用双指按压法或双手环抱双拇指按压法，频率为 100～120 次 / 分钟，深度至少为胸廓前后径的 1/3（图 6-18）。

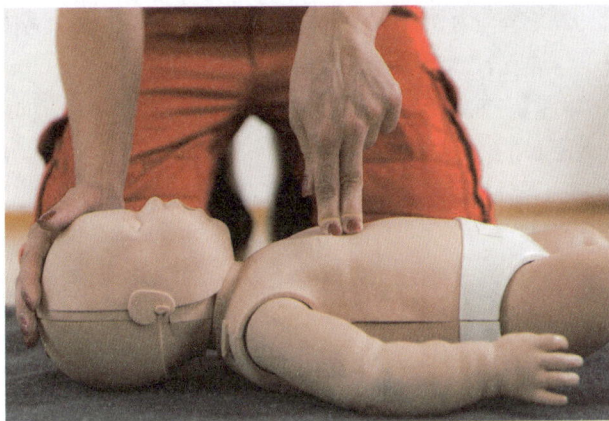

图6-18　婴儿胸外按压的部位和手势

（5）采用仰头举颏法打开患儿气道，不要过度后仰患儿头部，使患儿下颌角与耳垂的连线和平卧面呈30°角就行（图6-19）。

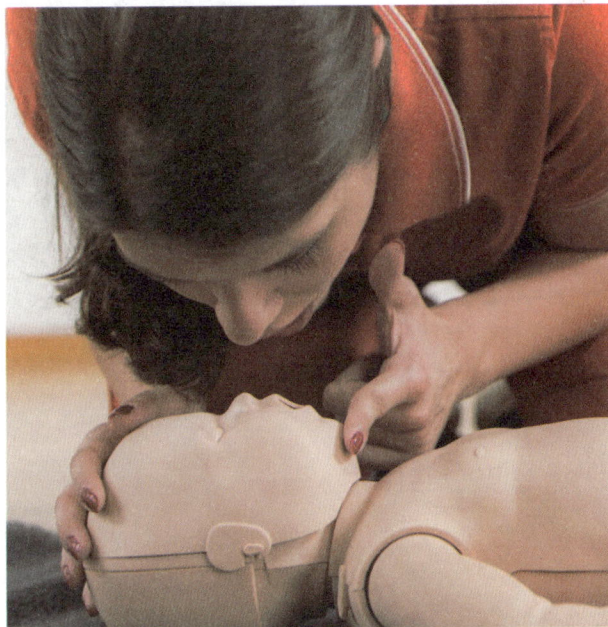

图6-19　打开婴儿气道

（6）观察患儿口腔，如有异物先清除。

（7）采用口对口鼻进行人工呼吸2次，再进行胸外按压，以30∶2的按压与通气之比为一组循环，进行5个周期的心肺复苏后再次评估患儿情况。

## 七、心肺复苏过程中的注意事项

（1）实施心肺复苏前一定要先确认现场环境安全，如果现场环境安全，实施心肺复苏的过程中在专业急救员到来前就不要随意移动患者，待急救员到达现场后，也要尽量避免中断心肺复苏，如果要中断，时间也尽可能短，控制在10秒以内。

（2）胸外按压时，要快速有力，确保手掌根部不离开胸壁，每次按压后要待胸廓完全回复再继续做按压，按压与放松比大致相同。

（3）按压过程中，尽量保持双臂与胸骨垂直，利用腰部发力垂直向下按压，避免肘关节弯曲，造成按压深度不足。

（4）人工呼吸时吹气不要过大、过快，以免患者发生胃扩张。

# 第三节　自动体外除颤器的使用

自动体外除颤器简称 AED，是一种非常便携且易于操作的急救设备，从某种意义上讲，AED 不仅是一种急救设备，也是一种急救理念的代表，即对于心脏骤停的患者可以由现场目击者第一时间使用机械设备进行有效急救（图 6-20）。AED 与传统除颤器不同，它内置的软件可以分析和确定患者是否需要进行电除颤，并且有语音提示和屏幕显示，使操作更简单易行。

图 6-20　公共场所的 AED

## 一、AED 在现场急救中的作用

对于心脏骤停患者的现场急救来讲，除立即实施心肺复苏外，早期的电除颤也至关重要，因为：

（1）心脏骤停患者最常见的心律失常为心室纤维性颤动，即室颤，或无脉性室速。

（2）室颤若未得到及时纠正，在数分钟内就会导致患者心脏骤停。

（3）电复律是治疗室颤最有效的方法，且越早越好。室颤早期一般为粗颤，此时除颤比较容易成功，应尽量争取在 2 分钟内进行电除颤，否则心肌因缺氧由粗颤转为细颤，则不易除颤成功。

有研究显示，每延迟 1 分钟使用 AED，心脏骤停患者的院外抢救成功率就下降 7%～10%。因此在人口密集的社区和公共场合安装 AED，并培训现场急救人员使用，对挽救院外心脏骤停患者的生命具有重大意义。

## 二、AED 的工作原理

一台 AED 包括自动心脏节律分析系统和电击咨询系统，能自动发出是否实施电击的指令，让施救者根据指令按压电击键完成电除颤。AED 只适用于无意识、无呼吸和无循环体征的室颤患者或无脉性室速患者。AED 进行电击时是通过在极短的时间内释放出大量电流经过心脏，以终止心脏所有的不规则或不协调活动，从而恢复心脏的正常节律。

## 三、AED 的操作步骤

（1）打开 AED 的电源，根据语音提示进行操作。

（2）根据电极片的图示，将一片电极片贴在患者裸露胸部的右上方（胸骨右缘，锁骨之下），另一片电极片贴在患者左乳头外侧（左腋前线之后第五肋间处）（图 6-21）。

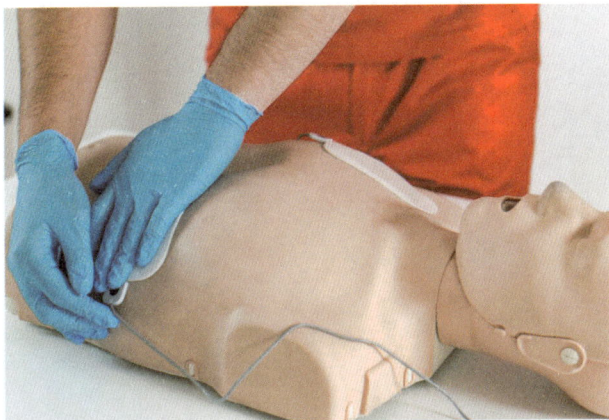

图 6-21　AED 电极片的贴放位置

（3）贴好电极片后，施救者示意周围人包括自己都不要接触患者，等候 AED 分析患者心律是否需要进行电除颤。

（4）如果 AED 提示需要进行电除颤，则等待充电完毕后确认所有人员未接触患者，按下电除颤的按钮。

## 四、AED 使用的注意事项

（1）婴儿和儿童使用 AED 时应用专用电极片，贴放位置为婴儿和儿童的胸前正中及背后左肩胛处，体格较大的儿童也可按成人的位置贴放电极片。

（2）在实施心肺复苏的过程中，AED 一旦到达现场就要立即使用。

（3）双人实施心肺复苏时，一人负责贴放电极片，另一人要继续进行心肺复苏，直到 AED 提示所有人都离开，才可暂时中断心肺复苏。

（4）使用 AED 电除颤后，若患者未恢复心跳呼吸，则继续心肺复苏 2 分钟后再分析心律。

（5）AED 主要适用于无意识、无呼吸或仅有濒死喘息的患者，不能对出现胸闷、胸痛的患者使用，避免 AED 误诊或进行不必要的治疗。

（6）在贴电极片前，需擦干患者胸前的水渍或汗液，胸毛较多者需剔除胸毛，要避开装有心脏起搏器的部位。

（7）可在雪地或潮湿地面上使用 AED，但避免患者在水中时使用。

**思 考 题**

1. 心脏骤停的临床表现有哪些？
2. 胸外按压时按压的部位在哪里？按压的频率是多少？按压的深度是多少？
3. 人工呼吸时如何打开气道？
4. AED 的适应症有哪些？
5. 成人使用 AED 时，电极片的贴放位置在哪里？

# 第七章　常用急救方法

✏️ **本章学习目标**

◆ 了解如何实施海姆立克急救法。

◆ 了解如何进行止血。

◆ 了解如何进行包扎。

◆ 了解如何进行骨折固定。

◆ 了解如何进行伤员搬运。

## 第一节　海姆立克急救法

海姆立克急救法由美国医生海姆立克发明，其原理是通过向患者上腹部施压，使其上腹部下陷，膈肌突然上升，骤然增加患者的胸腔压力，由于胸腔是密闭的，只有气管一个开口，故胸腔（气管和肺）内的气体就会在压力的作用下形成气流自然地涌向气管口，每次冲击将产生450～500毫升的气体，从而就有可能将异物冲出气道，解除梗阻。海姆立克急救法适用于发生气道异物梗阻且意识清醒者，患者既可以自己使用海姆立克急救法自救，也可由他人使用该方法进行急救解除梗阻。

### 一、气道异物梗阻的临床特点

气道异物梗阻是引起窒息的紧急情况，异物可引起气道部分或完全梗阻，患者表现为突然剧烈的呛咳、反射性呕吐、声音嘶哑、呼吸困难、发绀等，常以"V"形手势紧贴于颈前喉部（图7-1），如果不及时解除，数分钟内就可致人死亡。

图7-1　"V"形手势

气道异物梗阻多发于进食过程中，肉类、坚果类等较大块或坚硬的食物是造成气道异物梗阻最常见的原因。成人醉酒后，老年人戴义齿或吞咽困难，婴儿和儿童吞食硬币、果核、果冻或玩具等则是气道异物梗阻发生的常见诱因。临床上将气道异物梗阻分为不完全性梗阻和完全性梗阻。

不完全性气道异物梗阻患者出现咳嗽、喘气或咳嗽微弱无力，呼吸困难，张口吸气时可以听到异物冲击性的高啼声，面色青紫，皮肤、甲床和口腔黏膜发绀。

完全性气道异物梗阻患者表现为面色灰暗、发绀、不能说话、不能咳嗽、不能呼吸、昏迷倒地、窒息、呼吸停止。

## 二、现场急救

（1）不完全性梗阻情况较轻的患者，鼓励其继续咳嗽，不要马上叩击背部、挤压胸部和腹部，以免加重梗阻，但要密切注意患者的情况，如持续咳嗽无法解除梗阻要立即拨打急救电话送往医院救治。

（2）梗阻情况较重但意识清楚的患者，可采用背部叩击法，最多5次。使用背部叩击法时施救者站在患者身后，一手撑住患者胸部，排除异物时让其前倾，使异物从口中出来，而不是顺呼吸道下滑，另一手的掌根部在患者两肩胛骨之间向内向上大力叩击5次。

（3）背部叩击法如不能解除梗阻状况，则采用腹部冲击法，即海姆立克急救法。患者本人使用时可一手握空心拳，用拇指侧抵住腹部剑突下脐上两横指的位置，另一手紧握这个空心拳，用力快速将拳头向上、向内冲击5次；施救者使用时站在患者身后，双臂环绕患者腰部，让患者弯腰，头部前倾，施救者一手握空心拳，握拳手的拇指侧抵住患者的剑突下脐上两横指，另一手紧握此拳，用力快速向内、向上冲击（图7-2）。重复5次，如果梗阻没有解除，继续交替进行5次背部叩击法。

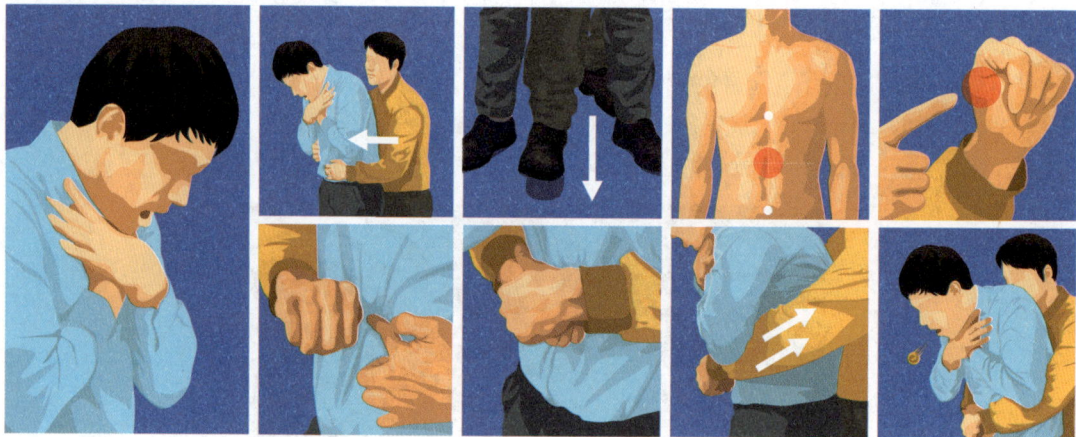

图7-2　海姆立克急救法

（4）对于孕妇和肥胖者，可采用胸部冲击法，施救者站在患者背后，两臂从患者腋下环绕其胸部，一手握空心拳，拇指置于患者胸骨中部，避开肋骨缘及剑突，另一手紧握此拳向内向上冲击5次。

（5）对于1岁以下的婴儿，使用背部叩击法时施救者取坐位，将患儿俯卧于一侧手臂上，同时用手指张开托住患儿下颌并固定头颈部 (图7-3)，保持头低位，另一手手掌根部在婴儿背部肩胛区快速用力叩击5次，如不能解除梗阻，将拍背后空出的手臂托住婴儿背部，手指固定其头颈部，小心地将婴儿翻转为仰卧位，同时仍保持头低位，用两手指实施胸部冲击按压法，冲击按压部位为两乳头连线中点，按压深度约为胸廓前后径的1/3，重复5次。如仍不能解除梗阻，继续交替进行5次背部叩击和5次胸部冲击。

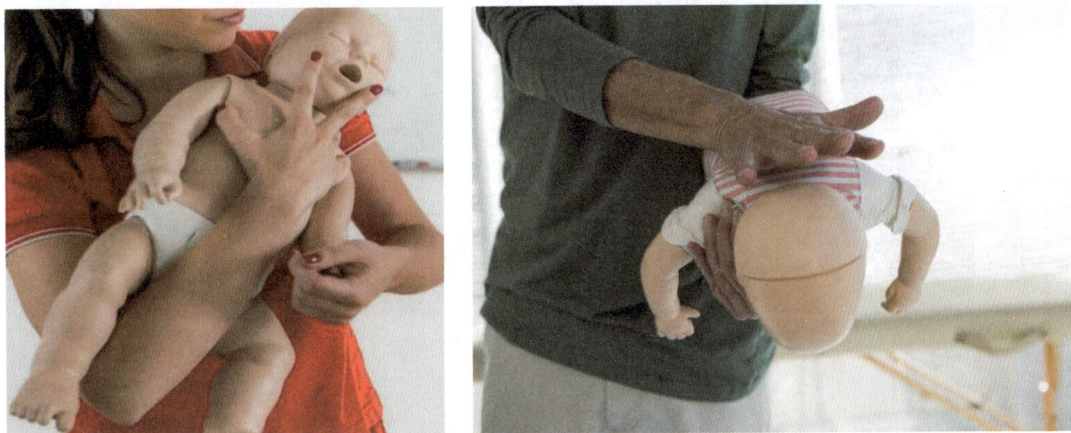

图7-3 婴儿气道异物梗阻解除手法

(6) 如果患者失去意识，置患者于仰卧位，立即进行心肺复苏。

### 三、注意事项

(1) 要尽早、尽快识别气道异物梗阻的表现，迅速作出判断。

(2) 避免盲目使用手指清理呼吸道，除非明确看见异物才可用手清除。

(3) 1岁以下的婴儿推荐交替使用背部叩击和胸部冲击法交替进行急救，1岁以上的儿童使用海姆立克急救法与成人操作步骤相同。

(4) 实施心肺复苏时先进行人工呼吸，再进行胸外按压。

## 第二节　止血

人体的血液主要由血浆和血细胞组成，其中血细胞包括红细胞、白细胞和血小板三大部分 (图7-4)。成人的血液量约占自身体重的8%，即每公斤体重有血量60~80毫升。发生出血时，血小板被激活，聚集在出血部位，形成血小板凝块，起到初级止血的作用，接着血小板又经过复杂的变化产生凝血酶，使邻近血浆中的纤维蛋白原变为纤维蛋白，相互交织的纤维蛋白使血小板凝块与血细胞缠结成血凝块，即血栓，同时血小板的突起伸入纤维蛋白网内，血小板微丝 (肌动蛋白) 和肌球蛋白的收缩使血凝块收缩，血栓变得更坚实，从而加强止血效果。严重创伤发生时常常引起大出血而危及伤者生命，因此在现场采取及时、有效的止血措施极为重要。

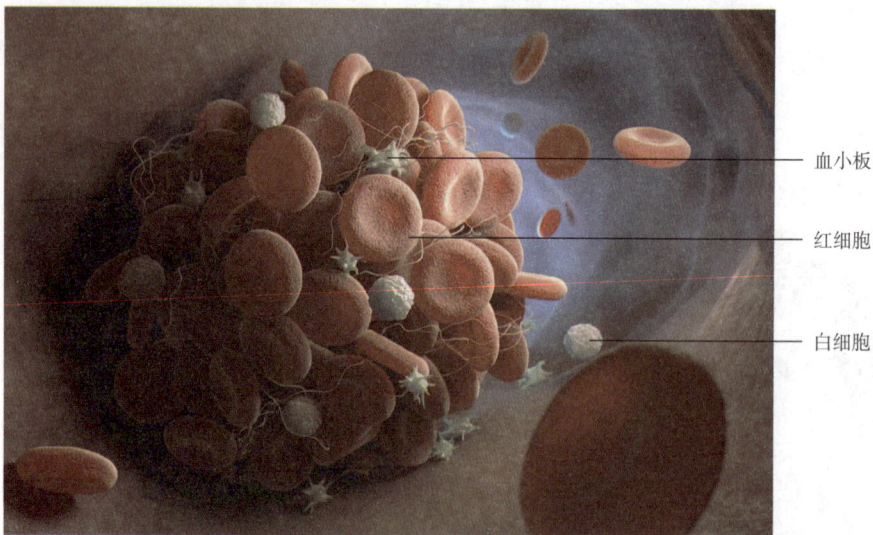

- —— 血小板
- —— 红细胞
- —— 白细胞

图 7-4 人体血细胞的组成

## 一、出血的类型

### (一)根据出血部位

按出血部位可分为外出血和内出血。外出血的血液从伤口流出,在体表可看到出血,显而易见;内出血的血液流到人体的组织间隙、体腔或皮下,形成脏器血肿、积血或皮下淤血,严重的内出血常因不易被看到而延误救治时机,危及伤者生命。

### (二)根据血管类型

动脉出血:动脉血含氧量高,颜色鲜红,血流速度快,血管壁内压力也较高,一旦发生动脉出血,鲜红色的血液可呈喷射状快速涌出人体。大动脉出血会导致人体循环血容量快速减少。

静脉出血:静脉血含氧量少,颜色暗红,血流速度较慢,血管壁内压力也较低,但静脉管壁较粗,储存血量不少,当曲张的静脉或大静脉出血时,暗红色的血液也会相对缓慢地大量涌出人体。

毛细血管出血:人体全身遍布丰富的毛细血管,任何出血都包含毛细血管出血,出血时血液一般呈血珠状慢慢渗出。

### (三)根据出血量与临床症状

轻度出血:出血量小于全身血容量的 5%(成人 200~400 毫升),一般人体可自行代偿,无异常表现。

中度出血:出血量大于全身血容量的 20%(成人 800~1000 毫升),伤者出现面色苍白、出冷汗、四肢湿冷等表现。

重度出血:出血量大于全身血容量的 40%(成人约 2000 毫升以上),伤者出现神情淡漠、脉搏细弱或摸不到、血压测不到等休克症状,若得不到及时救治,就会发生生命危险。

## 二、止血材料

外出血常用的止血材料有无菌敷料、绷带、三角巾、创可贴、止血带等（图7-5）。

图7-5　常用的止血材料

如果现场没有这些专业材料，可以就地取材，使用毛巾、手绢、围巾、衣物等做替代材料进行包扎止血（图7-6）。

图7-6　生活中可以包扎止血的替代材料

### 三、外出血常用的止血方法

外出血常用的止血方法包括直接压迫止血法、加压包扎止血法和止血带止血法三种。

#### (一)直接压迫止血法

当发生较为轻微的出血或者现场缺乏止血材料时，可采用直接压迫止血法，该方法直接、快速、有效，在鼻出血、头皮前部出血、大腿出血时可以使用。

鼻出血时，可以指导患者身体往前倾，自行两手捏住鼻翼两侧的小动脉，持续用力按压，达到止血效果(图7-7)。

图7-7　鼻出血的止血手法

头皮前部出血时，施救者可以用拇指持续用力按压患者的颞浅动脉来止血，颞浅动脉位于人体外耳门的前上方、颧弓的根部。

大腿出血时，如果现场没有可以使用的止血材料，患者可以自行用两个大拇指用力持续按压股动脉达到止血效果，或者由他人两手重叠，将掌根按压在伤者股动脉处进行止血。

#### (二)加压包扎止血法

1. 少量外出血的处理

少量外出血常见于划伤、擦伤等，现场处理时施救者先洗净双手，如有防护手套，可以戴上，再用清水将伤者伤口冲洗干净，然后用创可贴或干净的纱布、手绢等敷盖在伤口上。注意不要用药棉或带有绒毛的布料直接敷盖在伤口上。

2. 严重外出血的处理

在直接压迫止血的同时，施救者可以使用绷带或三角巾进行加压包扎达到进一步止血的作用。常见的加压包扎法有螺旋包扎法等。操作时，施救者首先用干净的敷料敷盖在伤口上压迫止血，敷料至少超过伤口周边3厘米(图7-8)，然后用弹力绷带环绕敷料加压包扎(图7-9、图7-10)，包扎完成后一定要检查伤者肢体末端的血液循环，如出现肢端发紫，提示包扎过紧，应重新包扎。

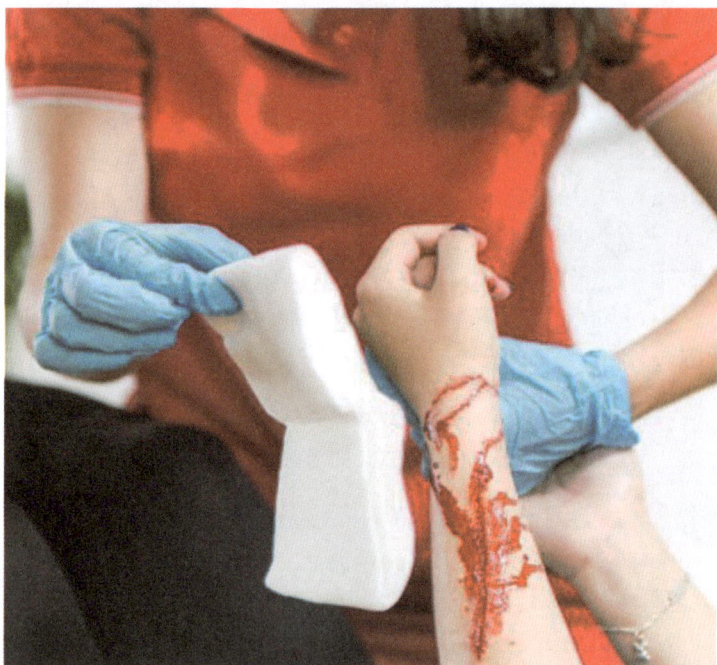

图7-8　足够大的敷料敷盖出血伤口

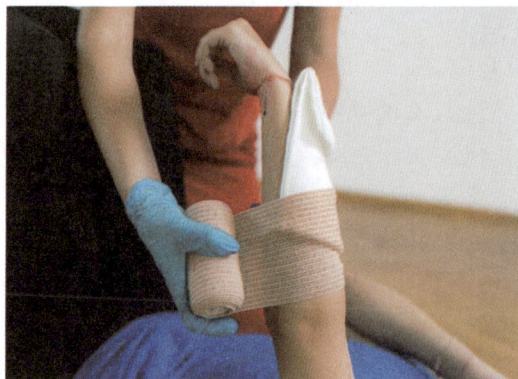

图7-9　绷带加压包扎（1）

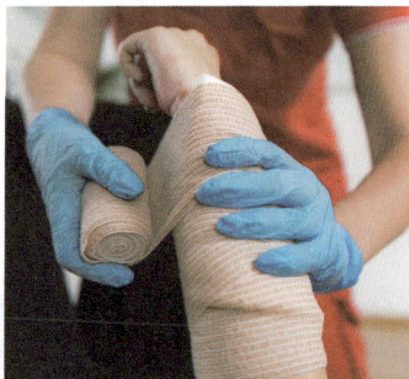

图7-10　绷带加压包扎（2）

## （三）止血带止血法

当四肢有大血管损伤，直接压迫无法控制出血，或伤者存在多处损伤，伤口不易处理或伤病情复杂以致危及生命时，尤其是在灾难、战争现场，可使用止血带止血。常用的有表带式止血带止血、橡胶管止血带止血、布带绞紧止血。

1. 表带式止血带止血

如上肢出血，先在上臂的上 1/3 处垫上衬垫（图7-11），如下肢出血，则在大腿中上部垫上衬垫，可用毛巾、三角巾、绷带等当做衬垫，再将止血表带缠绕在已经垫好衬垫的肢体上，一端穿进扣环，缓缓拉紧至伤口停止出血为止，然后在明显部位标注结扎止血带的时间。

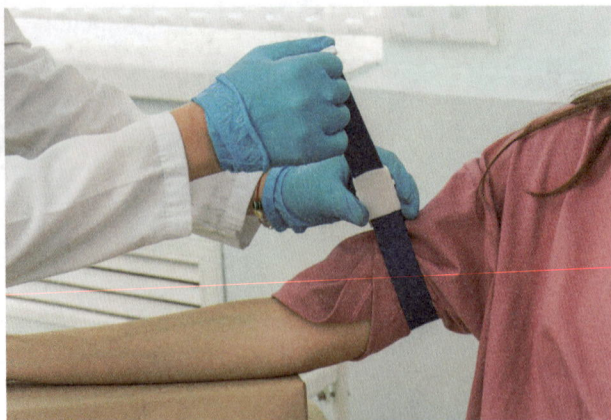

图 7-11　表带式止血带止血上肢部位

2. 橡胶管止血带止血

操作时施救者先在准备结扎的部位垫好衬垫，再用左手拇指、食指、中指拿好止血带一端（A 端）约 10 厘米处压在结扎部位的衬垫上，右手拉紧止血带缠绕伤者伤侧肢体连同施救者的食指和中指两周，同时压住止血带 A 端，然后将止血带的另一端（B 端）用左手食指、中指夹紧，抽出手指时将 B 端从两圈止血带下拉出一半，形成一个活结。这样松解止血带时只要将尾端拉出就行。

3. 布带绞紧止血

施救者先将三角巾或其他布料折叠成约 5 厘米宽的平整条带状，再在准备结扎的部位垫好衬垫，然后用折叠好的条状带环绕衬垫加压绕肢体一周，两端向前拉紧，打一个活结，再用一根筷子或竹棍插入活结的外圈，旋转绞紧至伤口停止出血为止，最后将筷子或竹棍的另一端插入活结的内圈固定，在明显部位标注结扎止血带的时间（图 7-12）。

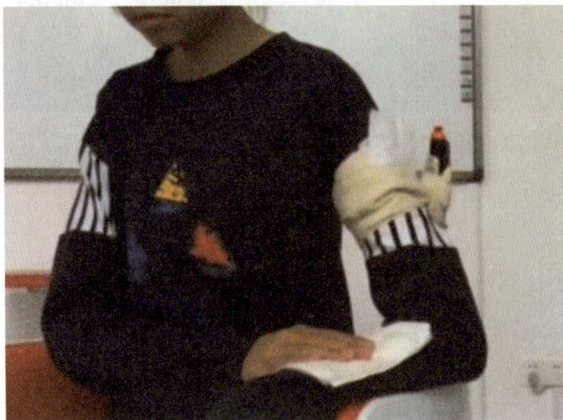

图 7-12　布带绞紧止血

(四) 使用止血带止血的注意事项

(1) 使用止血带前抬高伤肢，促进静脉血液回流，减轻出血。

（2）止血带不能直接捆扎在皮肤上，要先垫上绷带或三角巾。

（3）止血带在结扎过程中要松紧适度（从喷血或流血到滴血），过紧易造成伤肢缺血坏死，过松则无法有效止血。

（4）结扎完毕后标注时间时要精确到分，一是方便定时松解，二是便于与医务人员交接，有利于伤者后续治疗。

（5）每隔40~50分钟或发现伤肢远端肢体变凉时要放松止血带一次，每次松解2~3分钟，止血带使用总时间一般不超过2小时。

（6）禁止用细铁丝、电线、绳索等没有弹性的材料做止血带。

## 四、可疑内出血的现场判断与处理

内出血可由骨折或物体撞击等外伤引起，也可由胃溃疡、出血性脑卒中等引起，严重的内出血若未及时救治则会危及生命。如果伤者体表看不到出血，但出现休克症状，要高度怀疑存在严重内出血（图7-13）。

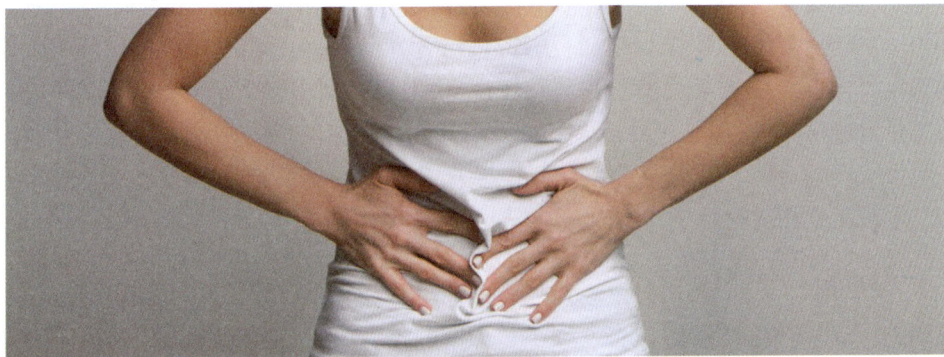

图7-13　腹部可疑内出血

### （一）可疑内出血的常见临床表现

（1）伤者烦躁不安或神情淡漠，甚至意识不清。

（2）面色苍白，皮肤发绀。

（3）出汗、四肢湿冷，伤者感觉口渴。

（4）脉搏快而弱，呼吸急促。

（5）有外伤撞击史，局部有肿胀，但体表看不到出血。

### （二）可疑内出血的现场急救

（1）立即拨打急救电话或尽快送伤者去医院。

（2）在急救车到来前，密切观察伤者的呼吸和脉搏，保持气道通畅，如果发生心跳呼吸停止，立刻实施心肺复苏。

### （三）注意事项

（1）不要用热水袋或其他加热物品给伤者热敷，避免加重出血。

（2）不要给伤者喝水或进食，以免影响手术麻醉，如果口渴可用水湿润一下嘴唇。

# 第三节　包扎

施救者用纱布、绷带、三角巾或其他现场可利用的物品，快速、准确地将伤者的伤口进行包扎，是外伤救护时非常重要的一项操作技术。发生外伤出血时，如果没有做清创手术的条件，现场急救时一定要先进行包扎，有助于快速止血、预防休克，保护伤口避免进一步污染，保护重要脏器和血管、神经、肌腱等减轻疼痛以及便于转运和治疗。

## 一、伤口

### (一) 伤口的种类

根据造成伤口的原因，一般可将伤口分为割伤、刺伤、挫裂伤、爆炸伤等。

割伤：通常是由刀、玻璃等一些锋利物品造成，受伤处皮肤组织被整齐切开，如伤及大血管会大量出血。

刺伤：一般由尖锐的小刀、针、钉子等造成，伤口小而深，易导致深层组织受损。

挫裂伤：主要是由外部大力撞击、挤压或摩擦造成，伤口表面参差不齐，出现肌肉血管撕裂，并附着污染物。

一般由火药、炸弹、煤气罐、锅炉、电瓶车、化工厂等发生爆炸引起，造成的损伤类型复杂，包括多发性骨折、烧伤、内脏破裂，甚至肢体离断等。

### (二) 伤口的检查判断

现场急救时可根据伤口的位置、大小、深度、被污染程度、有无异物以及何种异物等对伤者的伤情进行初步判断。

(1) 胸部伤口较深时伤者可能发生血气胸。

(2) 腹部伤口可能造成肠管外溢或肝脾肾等内脏损伤。

(3) 异物插入人体时，伤口一般较深，可损伤大血管、神经或重要脏器，出血较多时不建议现场拔出异物。

## 二、包扎

### (一) 包扎材料

常用的包扎材料有三角巾、弹力绷带、尼龙网套、创可贴、纱布、胶带等，也可就地取材，如手绢、领带、毛巾、衣服、丝袜等。

### (二) 包扎要求

(1) 包扎伤口时，施救者尽可能戴医用手套做好自我防护。

(2) 伤口被衣物遮盖时要先剪开衣物，暴露伤口，便于对伤口进行检查判断和包扎。

(3) 伤口无异物时先敷盖足够大的敷料，保护伤口避免被进一步污染；伤口有异物时现场不要拔出，围绕异物周围做好包扎固定。

(4) 包扎时动作要轻柔快速，包扎部位准确，松紧度适宜。

（5）无手指、足趾末端损伤者，包扎时要露出肢体末端，便于观察末梢循环情况。

## 三、常用包扎方法

常用的包扎方法有尼龙网套包扎、绷带包扎、三角巾包扎等，具体如下。

### （一）尼龙网套包扎

尼龙网套弹性良好，现场使用时方便有效，适用于比较表浅的伤口以及头部、手部的伤口包扎，使用时先用足够大的敷料敷盖伤口并固定住，然后将尼龙网套套在敷料上。

### （二）绷带包扎

#### 1. 环形包扎法

环形包扎是绷带包扎中最常用的，适用于粗细较均匀处肢体的伤口包扎。

操作时先用无菌或干净的敷料敷盖并固定于伤口表面，再用绷带斜状环绕包扎伤口处4～5层，每圈要盖住前一圈，绷带缠绕范围超过敷料边缘，最后用胶带固定，或将绷带尾端剪成两片，缠绕并打结固定于肢体上（图7-14）。

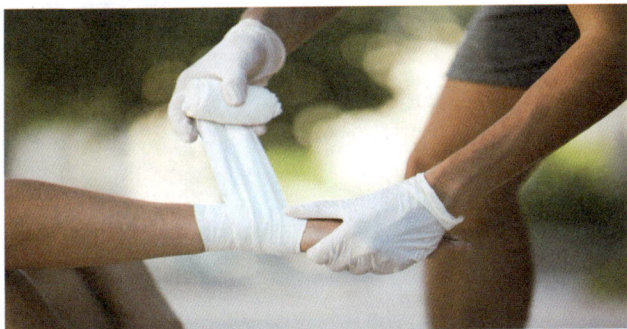

图7-14　环形包扎法

#### 2. "8"字包扎法

适用于手掌、手背、踝部和其他关节处伤口的包扎。

操作时先用无菌或干净的敷料敷盖并固定于伤口表面，再用绷带环形缠绕腕部两周后继续沿手掌和手腕关节处进行"8"字缠绕，最后在腕部固定绷带尾端（图7-15）。

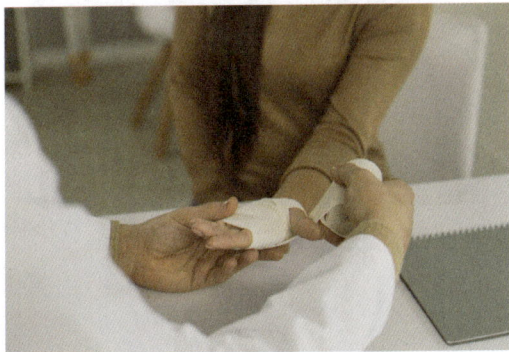

图7-15　"8"字包扎法

### 3. 螺旋反折包扎法

适用于肢体上下粗细不等部位，如小腿、前臂伤口处的包扎。

操作时先用无菌或干净的敷料敷盖并固定于伤口表面，再用绷带环形固定开始端，用螺旋法沿肢体缠绕，每圈反折一次，反折时一手拇指按住绷带正中处，另一手将绷带向下反折，向后缠绕并拉紧，注意反折处不要压在伤口上。

### 4. 回返包扎法

适用于头部、肢体末端或断肢部位的包扎。

如果是头部受伤，先用无菌或干净的敷料敷盖伤口，再用绷带环绕头部两圈，前额齐眉，后方包住枕骨下方，然后一手将绷带一端按压在脑后中部，另一手将绷带卷拉往前额方向，到固定前额处的绷带那边再向后反折，如此成放射性反折将敷料完全盖住，最后再缠绕两圈将反折的绷带固定住。

## （三）三角巾包扎

使用三角巾进行包扎时可根据需要将其折叠成各种形状，不同部位的伤口包扎都可以使用三角巾，包扎前先在伤口处用足够大的无菌或干净敷料敷盖。

### 1. 头顶帽式包扎

操作时先将三角巾底边折叠成两横指宽，再将底边正中部位与伤者头部前额正中部位对准，贴紧前额齐眉处，然后将三角巾两个底角边经两耳上方拉到枕骨下方交叉压住顶角，再绕回前额避开伤侧部位打结，最后将顶角拉紧折叠整理后塞入交叉处内（图7-16）。

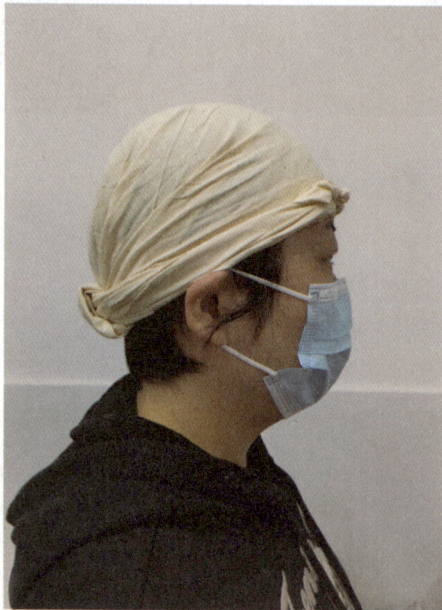

图7-16 三角巾头顶帽式包扎法

### 2. 肩部包扎

单肩包扎时先将三角巾折叠为燕尾式，燕尾夹角约90°，对准伤侧颈部，再将燕尾底边两角环绕上臂上部并打结固定，拉紧两燕尾角，分别经胸、背部至对侧，在腋前或腋后线处打结。

双肩包扎时先将三角巾折叠为燕尾式，燕尾夹角约100°，对准颈后正中部，两个燕尾角搭在伤者双肩上，由前向后分别将两侧肩膀包住，再将燕尾角拉至腋后与底边打结固定。

### 3. 胸部包扎

单侧胸部包扎时先将三角巾的顶角放在伤侧肩上，底边向上反折贴紧胸部下方，环绕至背后侧面打结，然后将顶角系带穿过打结处上提系紧。

双侧胸部包扎时先将三角巾折叠成燕尾式，燕尾夹角约100°，对准胸骨角处，两燕尾角搭在伤者双肩上，将燕尾顶角系带绕至背后与底边打结形成一个横带，再将两侧燕尾角系带拉至横带处打结固定。

### 4. 腹部包扎

腹部包扎操作时先将三角巾底边朝上，顶角对准两腿之间，两底角边围绕腹部至腰部打结，再将顶角往后拉与两底角连接处打结。

### 5. 手足包扎

操作时先让伤者的手指或足尖对向三角巾顶角，手掌或足底平放在三角巾中央，在指（趾）缝间塞入敷料，再将顶角反折盖在手背或足背，两底角边环绕手腕部或踝关节一圈后在腕部背侧或踝部前方打结。

### 6. 膝部或肘部包扎

操作时先将三角巾折叠为合适的宽带，再将宽带的中段斜放在伤侧，两端向后交叉缠绕，反折时分别压于中段的上下两边，然后环绕肢体一周在外侧打结固定。

### 7. 悬臂带

小悬臂带可用于上臂骨折、肩关节损伤等。

操作时先将三角巾折叠为合适的宽带，再将宽带中段放在前臂的下1/3处或手腕部，一侧底角搭在健侧肩膀，另一侧底角放在伤侧肩膀，然后将两底角环绕颈部于侧方打结，将前臂悬吊于胸前。

大悬臂带可用于前臂损伤、肘关节损伤等。

操作时先将三角巾顶角对准伤肢肘关节，内侧底角搭在健侧肩膀，外侧底角搭在伤侧肩膀，保持伤者肘关节屈肘位，再将两底角环绕颈部于侧方打结，拉紧顶角露出伤者的手指末端，将顶角反折塞入肘部，将前臂悬吊于胸前。

## 四、特殊伤的包扎

### (一) 腹部开放性损伤合并肠管外溢的现场急救

(1) 确认现场环境安全后，施救者在有条件的情况下戴好防护手套。

(2) 将伤者摆放为仰卧屈膝位，头部垫软垫，同时拨打急救电话或呼喊周围人参与到现场急救中来。

（3）用干净的保鲜膜或湿敷料敷盖外溢的肠管。

（4）用三角巾或其他替代品做一个大小合适的环形圈套住肠管。

（5）将大小合适的碗或其他器具倒扣在环形圈上方（图7-17）。

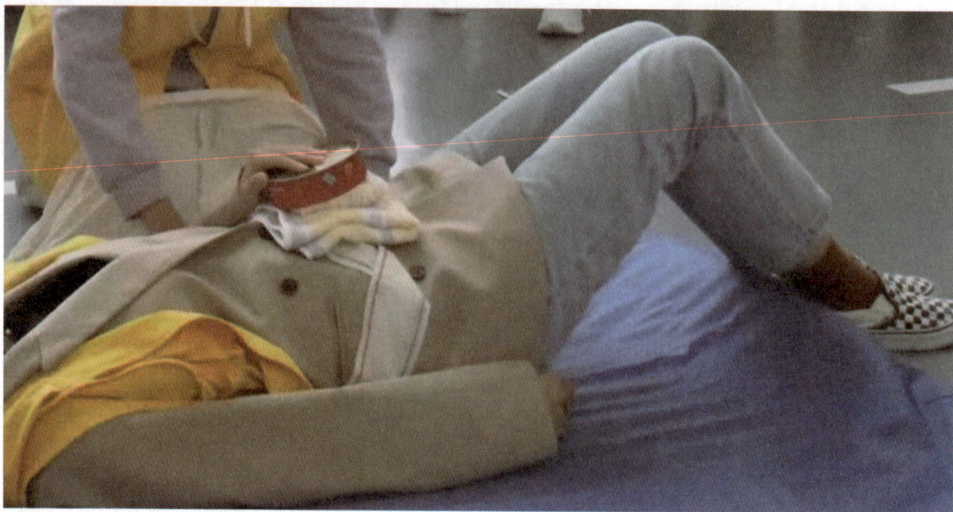

图7-17　肠管外溢的现场包扎

（6）将三角巾折叠为合适的宽带，环绕腹部将碗或其他器具固定好，于腹部健侧方打结。

（7）用三角巾进行全腹包扎。

（8）在伤者双膝间加衬垫，将三角巾折叠为合适宽带，固定双膝，膝下垫软垫，如枕头、书包等。

（9）密切观察伤者的呼吸、脉搏、意识等，保持其呼吸道通畅，陪伴伤者直到救护车到来。

### （二）异物插入伤的现场急救

如果是较大的异物如尖刀、钢筋、竹棍等扎入人体深部（图7-18），现场急救时不要拔出异物，避免造成血管、神经或内脏器官的二次损伤或大出血。现场急救流程如下。

（1）确认现场环境安全后，施救者在有条件的情况下戴好防护手套。

（2）将伤者摆放为坐位或卧位，同时拨打急救电话或呼喊周围人参与到现场急救中。

（3）用两个绷带卷或毛巾、手帕等做成类似替代物，沿伤者躯干纵轴摆放在异物的左右两侧，夹紧异物。

（4）用两条合适的宽带环绕肢体或躯干固定住绷带卷及异物，先固定异物下方，再固定异物上方。

（5）在三角巾适当部位穿洞让异物穿过，再固定好三角巾。

（6）在伤者双膝间加衬垫，将三角巾折叠为合适宽带，固定双膝，膝下垫软垫，如枕头、书包等。

（7）密切观察伤者的呼吸、脉搏、意识等，保持其呼吸道通畅，陪伴伤者直到救护车到来。

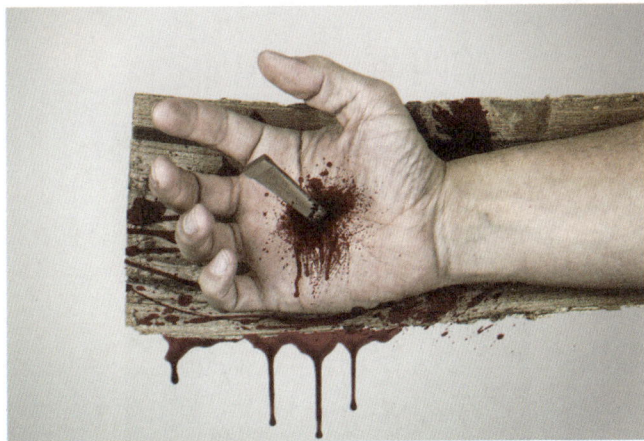

图 7-18 异物插入

### (三)肢体离断伤的现场急救

伤者发生肢体离断伤时一般伤势都比较重,现场急救流程如下。

(1)确认现场环境安全后,施救者在有条件的情况下戴好防护手套。

(2)将伤者摆放为坐位或平卧位,同时拨打急救电话或呼喊周围人参与到现场急救中来。

(3)迅速用大块干净的敷料或毛巾等敷盖伤口,并用绷带回返式包扎伤口(图 7-19)。

(4)如果出血较多,加压包扎无法有效止血时,用止血带止血。

(5)临时固定伤肢,如果是伤肢离断则用大悬臂带悬吊伤肢,密切观察伤者的生命体征。

(6)将伤者断肢用干净的敷料包裹,再用塑料袋密封后放入装有冰块的容器中(温度为2~3℃),交给医务人员。注意断肢不能直接放入水中或冰块中,也不能用酒精浸泡。

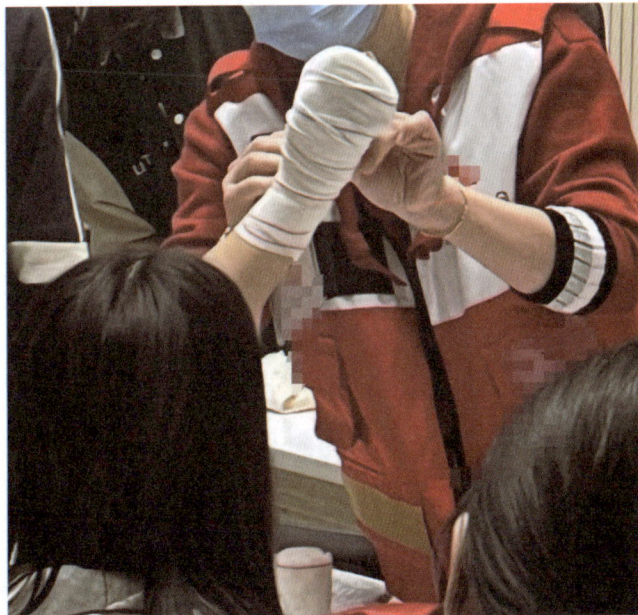

图 7-19 离断伤口处的回返式包扎

# 第四节　骨折固定

骨折是指骨结构的连续性完全或部分断裂（图7-20）。骨折常见的原因为直接暴力（撞击、碾压等）、间接暴力（高空坠落等）、积累性劳损（长跑等）。

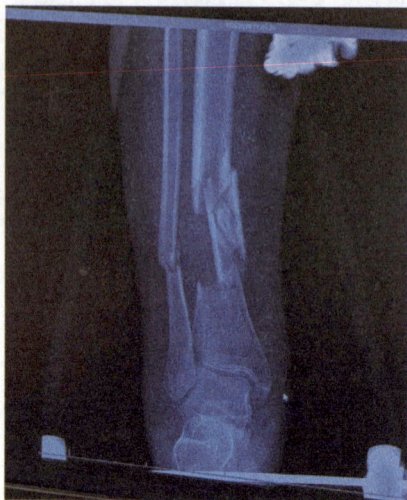

图7-20　骨折的影像学表现

## 一、骨折

### （一）骨折的类型

根据骨折断端是否造成皮肤表面伤口，将骨折分为闭合性骨折和开放性骨折。闭合性骨折处的皮肤、黏膜仍然完整，断端不与外界接触。开放性骨折处局部皮肤、黏膜破裂损伤，断端暴露于空气中，易发生感染。

根据骨折的程度分为完全性骨折、不完全性骨折和嵌顿性骨折。完全性骨折的骨结构连续性完全被破坏，骨断裂成三块以上可称为粉碎性骨折。不完全性骨折的骨结构未完全断裂，仅部分骨质破裂，如骨裂、青枝骨折。嵌顿性骨折的断骨两端相互嵌在一起。

### （二）骨折的临床表现

（1）疼痛，一般伤者都感到剧痛难忍。

（2）肿胀或瘀斑，骨折端会损伤周围的皮肤、黏膜、血管等造成组织液渗出、出血，出现肿胀和瘀斑。

（3）功能障碍，伤肢原有的运动功能受到影响或完全丧失。

（4）畸形，骨折时肢体可出现短缩、成角、旋转等畸形状态。

（5）骨擦音，即骨折后伴随骨的异常活动而出现的骨折端之间的摩擦或碰撞声音，是完全性骨折的特有体征之一。

## 二、骨折固定

### (一) 骨折固定的目的

(1) 制动，减轻伤者的疼痛。

(2) 避免骨折断端损伤周围的组织、血管和神经。

(3) 减少出血，减轻肿胀。

(4) 防止闭合性骨折转化为开放性骨折。

(5) 便于对伤者进行搬运。

### (二) 骨折固定的材料

骨折现场急救常用的固定材料有颈托、绷带、三角巾、铝芯塑型夹板、充气式夹板、带内衬的小夹板、脊柱板、躯干夹板，如果没有这些材料，可以就地取材，如毛巾、衣服、领带、报纸、杂志、硬纸板、木棍、木板、床板等。

### (三) 骨折固定时的操作要点

(1) 确认现场环境安全，施救者先做好自我防护。

(2) 对于开放性骨折，先止血，后包扎，再固定，最后进行搬运，骨折处伤口不冲洗、不上药、不复位。

(3) 若无法判断是否骨折，现场一律按骨折处理，先制动。

(4) 固定时，在可能条件下，保持伤者上肢为屈肘位，下肢呈伸直位。

(5) 先固定骨折上端，再固定骨折下端，再从上往下固定。

(6) 固定时夹板长度超过骨折处的上下关节。

(7) 夹板与皮肤、关节、骨突部位之间加衬垫，减少摩擦。

(8) 暴露肢体末端以便观察循环、运动、神经感觉。

(9) 固定后抬高伤肢，减轻肢体肿胀。

(10) 固定要牢靠，松紧度适宜。

## 三、常用的骨折固定方法

### (一) 锁骨骨折

锁骨骨折一般是由摔伤或车祸引起，表现为锁骨变形，出现血肿，肩部疼痛且活动受限。锁骨骨折时可采用锁骨固定带或前臂悬吊固定。

锁骨固定带使用起来比较方便，让伤者坐下，双肩往后并拢，然后穿上锁骨固定带。

如果没有锁骨固定带，现场急救时可用一条三角巾先悬吊托起伤侧肢体，再用另一条三角巾折叠成合适的宽带包裹住伤肢的肘关节上方，将其固定于躯干。三角巾可用毛巾、围巾、衣服等替代。

### (二) 上肢骨折

#### 1. 上臂骨折

上臂骨折一般由跌倒、撞击引起，骨折后上臂会出现肿胀、淤血、疼痛，上肢活动受限，骨折端移位时会出现畸形，甚至损伤桡神经。上臂骨折时可用铝芯塑型夹板、硬夹板或躯干进行固定。

使用铝芯塑型夹板固定时，先根据上臂长度将夹板折成 U 型套在上臂上，保持伤肢屈肘位，再用绷带或三角巾缠绕夹板外侧进行固定，然后用三角巾做一个小悬吊将前臂吊于胸前，暴露伤肢手指末端，便于观察末梢血液循环。

使用硬夹板固定时，上臂骨折一般需要两块硬夹板，一块放在上臂外侧，长度超过肘关节和肩关节，另一块放在上臂内侧，夹板上侧到达伤者腋下，下侧超过肘关节，在夹板与皮肤之间要垫衬垫，再用三角巾或绷带先后固定骨折的上下端，然后让伤者保持屈肘位，用三角巾做一个小悬吊将前臂吊于胸前，暴露伤肢手指末端，便于观察末梢血液循环。如果现场没有硬夹板可以用杂志、纸板等替代。

如果现场没有类似夹板的其他可替代物品时，可将伤肢固定于伤者躯干，操作时先让伤者保持屈肘位，用大悬臂带悬吊伤肢，在伤肢与伤者躯干之间加衬垫，然后用三角巾或衣物折叠成足够宽的宽带（超过骨折上下端）将伤肢与躯干固定，同时暴露伤肢手指末端，便于观察末梢血液循环。

2. 前臂骨折

前臂骨折包括桡骨骨折和尺骨骨折，前臂骨折相对稳定，不易伤及血管神经。前臂骨折时可采用充气夹板、硬夹板、衣服等固定。

充气夹板固定比较简便，将前臂放在充气夹板内，拉好拉链，然后充气进行固定即可。

现场没有充气夹板可用硬夹板、铝芯塑型夹板（图 7-21）或杂志、书本等进行固定，操作时先将两块夹板分别放在伤者前臂的外侧和内侧，长度超过腕关节和肘关节，在夹板和皮肤之间垫衬垫，用三角巾或绷带先后固定骨折的上下端，再用大悬臂带将伤肢悬吊于胸前，保持伤肢屈肘位，同时暴露伤肢手指末端，便于观察末梢血液循环。

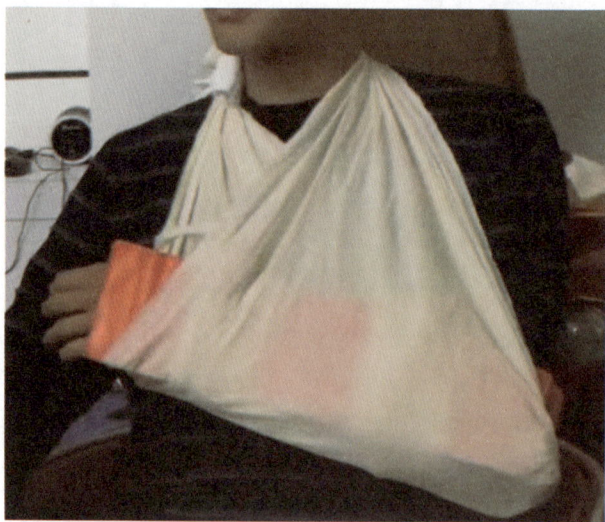

图 7-21 使用铝芯塑型夹板对前臂骨折进行固定

如果现场没有类似夹板的替代物时，可直接用伤者的衣服将伤肢托起，然后与躯干固定。

### (三)下肢骨折

1. 大腿骨折

大腿骨折通常是由于巨大的外力冲击所致,如车祸、高空坠落、重物砸伤等,一般伤情严重,出血较多,现场急救时先止血再固定。大腿骨折时可用夹板或健侧肢体进行固定。

用夹板固定时,需要一长一短两块夹板,长夹板上至伤侧腋窝、下至伤侧踝关节外侧,短夹板上至大腿内侧、下至踝关节内侧,夹板内侧都要加衬垫,尤其腋下、膝关节、踝关节处要加厚。将7条三角巾折叠为合适的宽带,依次固定骨折的上端、下端,再固定腋下、腰部、髋部、小腿中部、踝部,结打在伤肢外侧,用"8"字法固定足部,在足背处打结,露出足趾末端,便于观察伤肢末梢血液循环情况。

用伤者健侧肢体固定时,先将折叠为合适宽带的4条三角巾依次自健侧肢体的膝下、踝下穿过,在两腿之间加衬垫,尤其是两膝关节和两踝关节处衬垫加厚,然后依次固定骨折的上端、下端、小腿中段和踝关节处,结打在健侧肢体外侧,用"8"字法固定足部,在足背处打结,露出足趾末端,便于观察伤肢末梢血液循环情况(图7-22)。

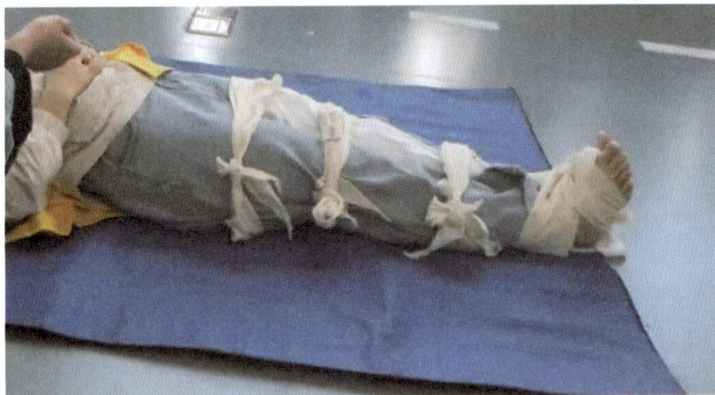

图7-22　大腿骨折利用健侧肢体固定

2. 小腿骨折

小腿骨折时,胫骨的骨折易造成开放性伤口,出血、肿胀严重时会引发骨筋膜室综合征,造成小腿缺血、坏死,因此小腿固定时一定不能过紧。小腿固定时可用夹板或健侧肢体进行固定。

用夹板固定时,需要一长一短两块夹板,长夹板上至伤侧髋关节、下至伤侧踝关节外侧,短夹板上至大腿内侧、下至踝关节内侧,夹板内侧都要加衬垫,尤其是膝关节、踝关节等骨突部位。将5条三角巾折叠为合适的宽带,依次固定骨折上端、下端,再固定髋部、大腿中段,结打在伤肢外侧,用"8"字法固定足部,在足背处打结,露出足趾末端,便于观察伤肢末梢血液循环情况。

用伤者健侧肢体固定时,先将折叠为合适宽带的4条三角巾依次自健侧肢体的膝下、踝下穿过,在两腿之间加衬垫,尤其是两膝关节和两踝关节处衬垫加厚,然后依次固定骨折的上端、下端、大腿中段和踝关节处,结打在健侧肢体外侧,用"8"字法固定足部,在足背处打结,露出足趾末端,便于观察伤肢末梢血液循环情况(图7-23)。

图 7-23　小腿骨折利用健侧肢体固定

# 第五节　伤员搬运

伤员搬运是指救护人员（志愿者）徒手或利用搬运器材将伤者从事发现场向运送车辆、医疗单位的转运过程。

## 一、搬运的原则

（1）现场环境中仍然存在危险因素，搬运有利于伤者安全和进一步救治。

（2）对于有外伤出血、骨折情况的伤者，搬运前先做好止血、包扎、固定。

（3）搬运时根据伤者伤情和现场情况选择合适的搬运方法。

（4）搬运过程中要给伤者做好安全防护措施，防止发生二次损伤。

（5）搬运的过程中随时观察伤者伤情变化，如发生心跳呼吸停止情况，立即实施心肺复苏。

## 二、搬运的方法

常用的搬运方法有徒手搬运和使用器材搬运。现场急救时一般根据现场情况、伤者的伤情和运送距离的远近选择合适的搬运方法。

### （一）徒手搬运

1. 单人徒手搬运法

（1）扶持法：适用于清醒可以步行的患者。搬运时施救者站在伤者健侧，让伤者健侧上肢搭在施救者肩颈上，施救者一手抓住伤者搭在他肩前的手，一手扶住伤者腰部，搀扶着伤者行走（图 7-24）。

图 7-24　扶持法

（2）背负法：适用于老弱年幼、体重较轻、意识清醒且无脊柱损伤的伤者。搬运时伤者趴在施救者背上，双臂环绕在施救者胸前，双手紧握，施救者抓住伤者的大腿后缓缓站起，背起伤者前行。

（3）抱持法：适用于搬运老弱年幼、体重较轻、无脊柱损伤、只有手足部骨折的伤者。搬运时施救者一侧手臂放在伤者膝关节下，另一侧手臂环绕伤者背部，将伤者轻轻抱起后前行（图7-25）。

图7-25 抱持法

（4）爬行法：适用于在狭小的空间或有浓烟环境下搬运昏迷的患者。搬运时施救者骑跨于伤者躯干两侧，将伤者的双手用三角巾捆绑后搭在施救者颈部，施救者抬头后两手撑地，使伤者的头、颈、肩部离开地面，拖着伤者前行。

（5）拖行法：适用于现场环境危险、下肢受伤、体型较大且无脊柱损伤的伤者。搬运时施救者可以直接将伤者手臂横放于胸前，双臂从伤者腋下绕到胸前抓住伤者对侧手臂，将伤者缓慢拖走；也可以直接抓住伤者腋下的衣服，同时托起伤者头颈部，将伤者拖走；或者将伤者用毛毯、被单等包裹后，施救者拉住毛毯、被单等将伤者拖走（图7-26）。

图7-26 拖行法

2. 多人徒手搬运法

（1）轿杠式：适用于搬运无脊柱损伤、无骨盆骨折和无大腿骨折的清醒伤者。搬运时两名施救者面对面各自用右手握住自己的左手手腕，再用左手握住对方右手手腕后蹲下，让伤者坐到相互握紧的手上，伤者两手分别搭在两名施救者肩膀上后，两名施救者同时站起，将伤者抬起来往前走，行走时保持步调一致。

（2）椅托式：适用于搬运无脊柱损伤、无骨盆骨折和无大腿骨折的清醒伤者。搬运时两名施救者面对面各自伸出相对的一只手并相互握紧对方手腕，然后蹲下，让伤者坐到互相握紧的两手上，其余两手托住伤者后背，同时可抓住伤者的腰带，两名施救者同时站起，将伤者抬起来往前走，行走时保持步调一致。

（3）拉车式：适用于在狭窄地方搬运无上下肢骨折、无脊柱损伤、无骨盆骨折的伤者。搬运时先让伤者坐起，将其双臂横放于胸前，一名施救者在伤者背后蹲下，将双臂从伤者腋下环绕到其胸前，双手抓紧伤者前臂，另一名施救者在伤者腿边蹲下，将伤者两足交叉后用双手抓紧伤者的踝部，或者在蹲在伤者两腿之间，双手抓紧伤员膝关节下部，与另一名施救者同时站起，一前一后抬着伤者前行。

（4）四人徒手搬运法：适用于现场环境危险，需要短距离移动脊柱损伤者。搬运时，三名施救者单膝跪在伤者一侧，分别在颈部、腰部、膝关节处、踝关节处将双手伸到伤员对侧，同时用手臂托住伤者，一名施救者位于伤者头部，用双手固定其头颈部，由一人指挥，四人协调动作，保持伤者的脊柱为一轴线，平稳抬起伤者后前行。

### （二）使用器材搬运

担架是搬运伤者最常用的工具，对于肢体骨折或疑似脊柱损伤者使用担架搬运时更为安全便捷。

1.常用的器材担架

（1）折叠铲式担架：担架双侧打开，分别插入到伤者身体下面，扣合后抬起，可最大限度地减少在搬运过程中对伤者造成的二次伤害（图7-27）。该担架适用于骨折和脊柱损伤者。

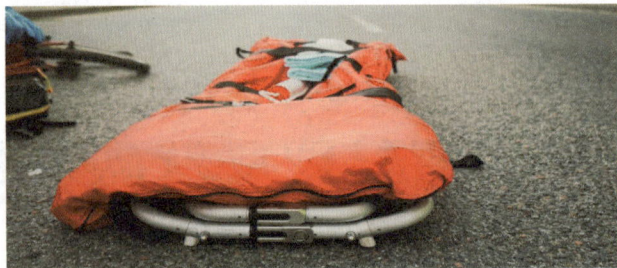

图7-27 折叠铲式担架

（2）脊柱板：适用于骨折和脊柱损伤者（图7-28）。

图7-28 脊柱板

（3）帆布担架：适用于无脊柱损伤、无骨盆骨折和无髋部骨折者（图7-29）。

图7-29　帆布担架

2. 自制担架

（1）硬担架：可用门板、木板、椅子等制作，适用于下肢骨折和脊柱损伤者。

（2）软担架：可用衣服、床单、被罩、雨衣等制作，适用于无脊柱损伤、无骨盆骨折和无髋部骨折者。

## 三、注意事项

（1）伤者疑似骨折或有脊柱损伤时，禁止试行走或将身体弯曲。

（2）始终要保持脊柱损伤者脊柱为一轴线，使用硬担架搬运。

（3）担架搬运时必须将伤员头部固定，一般头略高于脚，发生休克者则头略低于脚。

（4）担架抬运过程中步调一致，上下台阶时保持平稳。

（5）汽车运送时，伤员和担架都要与汽车固定。

**思 考 题**

1. 如何实施海姆立克急救法？

2. 如何用三角巾进行布带绞紧止血？

3. 如何用三角巾进行头部包扎止血？

4. 如何用利用健侧肢体进行小腿骨折固定？

5. 搬运伤员的注意事项有哪些？

# 第八章　常见急症的应急处理

✎ **本章学习目标**

◆ 了解发生休克时如何急救。

◆ 了解发生晕厥时如何急救。

◆ 了解发生昏迷时如何急救。

◆ 了解发生急性冠脉综合征如何急救。

◆ 了解发生脑卒中时如何急救。

◆ 了解发生癫痫时如何急救。

## 第一节　休克

休克是指机体在各种致病因子的强烈作用下，有效循环血量急剧减少，全身组织器官和微循环灌注不足，导致组织缺氧、细胞代谢紊乱和器官功能障碍的临床综合征。严重休克可快速致人死亡，所以必须给予及时抢救。休克最常见且最重要的临床表现是血压降低，因此迅速改善组织微循环灌注，恢复细胞氧供，从而维持组织器官的正常功能是治疗休克患者的关键。

### 一、临床特点

休克根据病因可分为低血容量性、心源性、感染性、过敏性、神经源性休克，虽病因各不相同，但临床症状类似，初期表现为精神紧张或烦躁、面色苍白、手足湿冷、心动过速、过度换气等，严重时表现为神志淡漠、反应迟钝、神志不清甚至昏迷，脉搏摸不到、血压测不出、无尿、代谢性酸中毒等。

根据临床表现的轻重程度，可将休克分为轻度、中度、重度、极重度四级。

（1）轻度休克。患者神志清楚，但心情焦虑，口干，面色苍白、肢端略微发绀，四肢温度正常或略凉，收缩压在 80～90mmHg，脉搏有力，心率稍快（≥100 次 / 分钟），尿量稍减。

（2）中度休克。患者神志清楚，但神情淡漠，很口渴，面色苍白、肢端发绀，四肢发凉，收缩压在 60～80mmHg 之间，脉搏细数，心率在 100～120 次 / 分钟，尿量 <17mL/h。

（3）重度休克。患者意识模糊、反应迟缓，极度口渴，皮肤发绀，出现花斑，四肢湿冷，收缩压在 40～60mmHg 之间，脉搏细弱无力，心率 120 次 / 分钟，尿量明显减少或无尿。

（4）极重度休克。患者昏迷，呼吸浅、不规则，皮肤极度发绀或发生皮下出血，四肢冰冷，收缩压 <40mmHg，脉搏几乎摸不到，心率快慢不齐，无尿。

## 二、现场急救

（1）对于失血引起的休克患者现场急救时首先要控制失血和体液丢失，尽快止血，同时快速补充血容量。

（2）心源性休克患者现场急救时建议取半卧位，无脊柱损伤者可取中凹卧位，双腿抬高超过心脏水平，给患者盖上被子或毛毯保持体温。

（3）保持患者呼吸道通畅，将头偏向一侧，对于装有义齿者、发生呕吐和昏迷的患者，及时清除口腔异物或分泌物，现场有条件者可给予吸氧。

（4）对于药物过敏引起休克的患者要立即停药，重点观察患者的呼吸、脉搏、血压、体温等生命体征，同时也要注意尿量的情况，现场有条件者可使用肾上腺素笔进行抢救。

（5）发生心跳呼吸停止的情况要立即进行心肺复苏。

（6）现场救护的同时拨打急救电话，告知救护车事发地点以及患者情况，必要的话可在电话中寻求现场救护措施的指导。

## 三、注意事项

（1）休克是一种复杂而紧急的情况，一旦发生需要高度重视，尽早识别，及时处理。

（2）休克早期，患者血压可能正常或轻度升高，但心率仍然加快，且休克的病因也存在，因此不能掉以轻心，要尽早识别，针对病因采取急救措施。

（3）高血压患者，如果收缩压下降超过平时基础血压的30%以上，虽仍在正常范围内，也要考虑可能发生休克。

# 第二节　晕厥

晕厥又称昏厥，是指患者突然发生的一过性全脑供血障碍，从而导致短暂的意识丧失。典型的晕厥发作持续时间一般不超过20秒，少数可持续数分钟。晕厥的易发人群包括老年人、体质虚弱的人、较长时间处于饥饿状态的人、长期缺乏运动的人、服用降压药物的人、严重心脏病或其他慢性病患者（图8-1）。部分患者发生晕厥时相对安全，不需要做任何治疗就能自行完全恢复，也有患者因为晕厥摔倒受伤，需要及时对症处理，而对于心源性晕厥的患者来讲，极易发生猝死，须立即送医院进行专业救治。

图8-1　晕厥患者

## 一、临床特点

晕厥根据病因可分为神经反射性、心源性和直立性低血压晕厥。晕厥的临床特点是发生突然、持续时间短暂、大多能够完全自行恢复，一般分为三个阶段——前驱期、发作期和恢复期。

（1）前驱期：部分晕厥患者发作前常常出现头晕、乏力、面色苍白、视物模糊、耳鸣、出汗等先兆症状。

（2）发作期：部分晕厥毫无先兆突然发生，患者意识丧失、肌张力消失、就地跌倒，有的可能出现四肢阵挛性抽搐、瞳孔散大、流涎等，心源性晕厥患者则可能发生猝死。

（3）恢复期：大部分晕厥患者苏醒后意识和行动能力即可恢复正常，但老年人可能会有一段时间出现意识混乱、逆行性健忘，甚至呕吐和大小便失禁，部分患者可有明显乏力，少数患者可因身体失控发生外伤，以头部外伤多见。

## 二、现场急救

（1）立即将患者置于平卧位，头略低，双足稍抬高以增加脑部血流量。

（2）在室内时要开窗通风，保持空气清新，松解患者过紧的衣领和腰带。

（3）保持患者呼吸道通畅，可将头偏向一侧，如有异物或分泌物及时清理，现场如有条件可给予吸氧。

（4）观察患者的神志、呼吸、血压、脉搏、体温等生命体征，检查有无摔伤，如有则对症处理。

（5）晕厥清醒后的患者，如果存在以下情况则提示病情加重：大汗淋漓、持续头痛和头晕、恶心、呕吐、胸闷、胸痛、脉搏过快或过慢、血压严重低于或高于平时，应立即送往医院进行专业检查和治疗。

（6）晕厥频繁发作的人或者发生晕厥的老年人，不论是何原因都要去医院做进一步检查和治疗。

（7）与血容量暂时相对不足相关的晕厥，可以让患者适量喝水，可疑低血糖者可给予含糖饮料。

（8）晕厥患者清醒后，应先确认其意识和行动能力完全恢复正常，再协助其缓缓坐起，避免再次摔倒。

## 三、注意事项

（1）反射性晕厥一般不会导致严重伤害，但要注意预防突发意识丧失时的二次伤害，如摔倒。

（2）长时间处于卧位、坐位或蹲位时不要猛然起立，尤其是老年人和服用降压药物的人。

（3）注意甄别心源性晕厥，如果发生心跳呼吸骤停要立即进行心肺复苏，同时呼叫120。

# 第三节　昏迷

昏迷是指人的脑功能受到高度抑制，导致意识丧失和随意运动消失，并对外界各种刺激反应异常或反射活动异常的一种病理状态(图8-2)。由疾病导致的昏迷一般是缓慢发生的，突然发生的昏迷则可能是意外事件导致的，如急性中毒、电击、淹溺等。

图8-2　昏迷患者

## 一、临床特点

　　昏迷常见的病因有低血氧症、血糖异常、低血容量休克、心源性疾病、感染、电解质紊乱与酸碱失调、内分泌疾病、中毒等。根据患者昏迷程度的不同可分为轻度昏迷、中度昏迷和深度昏迷。

　　(1)轻度昏迷患者意识大部分丧失，无自主运动，对声、光刺激无反应，对疼痛刺激尚可出现痛苦表情或肢体退缩等防御反应。角膜反射、瞳孔对光反射、眼球运动和吞咽反射可存在。

　　(2)中度昏迷患者对周围事物及各种刺激均无反应，对剧烈刺激可有防御反应。角膜反射减弱、瞳孔对光反射迟钝、无眼球运动。

　　(3)深度昏迷患者对意识完全丧失，全身肌肉松弛，对各种刺激全无反应，深、浅反射均消失。

## 二、现场急救

　　(1)将患者置于侧卧位，及时清除口腔异物或分泌物，保持呼吸道通畅。昏迷发生后，患者因全身肌张力减低易发生舌后坠从而堵塞呼吸道，如有异物或呕吐物也无法自主清除，容易造成窒息，因此保持呼吸道通畅是昏迷患者现场急救最重要的措施。

　　(2)及时给予呼吸支持。昏迷患者大多自主呼吸微弱或呼吸浅、慢或不规则，这种呼吸极易导致缺氧，应高度重视，一旦发现患者存在口唇及皮肤青紫等严重缺氧表现时要立即实施持续的人工呼吸或使用简易呼吸机协助呼吸。

　　(3)对于持续意识丧失的患者提示病情危重，在现场急救的同时要立即拨打急救电话送往医院进行专业救治。

　　(4)密切观察患者的神志、血压、脉搏、呼吸等生命体征，如出现心跳呼吸停止，应立即予以心肺复苏。

## 三、注意事项

（1）短暂的意识丧失多为晕厥，而持续的意识丧失则可能是昏迷或心搏骤停，现场施救时要注意对这些情况进行初步甄别然后对症处理。

（2）无论何种原因引起的昏迷都不能掉以轻心，要送往医院进行专业的检查和治疗。

# 第四节　急性冠脉综合征

急性冠状动脉综合征（简称急性冠脉综合征），是指冠状动脉内的不稳定粥样斑块破裂，导致血栓形成或血管痉挛，造成血管严重狭窄或阻塞，从而引起以急性心肌缺血、坏死为特征的综合征，包括不稳定心绞痛、非ST段抬高心肌梗死、ST段抬高心肌梗死和心脏性猝死。冠状动脉内的粥样斑块破裂时会激发局部的凝血机制形成血栓，瞬间造成局部心肌严重缺血，从而出现各种心律失常，其中最致命的是室性心动过速和室颤，一旦发生，如果不及时采取有效的救护措施，患者很有可能就会猝死。

## 一、临床特点

急性冠脉综合征的高危人群为存在心血管危险因素的人，常见的心血管危险因素有吸烟、高血压、高血脂、糖尿病、久坐不动以及有心血管疾病家族史。劳累、突然用力、剧烈运动、情绪激动、吸烟、饱餐、寒冷等是诱发斑块破裂的常见原因（图8-3）。

急性冠脉综合征常见的临床表现有胸痛、胸闷、出汗、恶心、呕吐、面色苍白、口唇青紫、恐惧和濒死感、排便感等。其中以发作性胸痛为典型症状，疼痛主要位于胸前区，常常放射至左肩、左臂内侧达无名指和小指，或至颈部、咽喉或下颌部（图8-3）。疼痛发生时患者常感觉有压迫感、发闷感、烧灼感或紧缩感，一般持续3～5分钟，不超过15分钟。心绞痛休息或舌下含服硝酸甘油几分钟内即可缓解。但如果一周内心绞痛频繁发作，且症状日益加重，如疼痛程度加重、持续时间延长、服药后治疗效果不明显等提示可能在往心肌梗死方向发展。

图8-3　急性冠脉综合征表现

## 二、现场急救

（1）患者一旦出现胸痛、胸闷等症状，立即协助他原地静卧休息，尽量避免任何可能增加心脏做功和心肌耗氧量的行为，同时立即拨打急救电话寻求专业医疗救助。

（2）为患者松解过紧的衣领和腰带，嘱其尽量放松身体，避免精神紧张，以减轻心脏负担。

（3）协助患者正确服药，现场急救时一方面可以寻问患者平时服用哪些药物，如果患者无法回答，则可以在拨打急救电话的时候寻求专业人员的指导。推荐药物有硝酸甘油、阿司匹林、倍他乐克，其中硝酸甘油首次舌下含服0.5mg（1片），如症状无缓解，则在有血压监测的条件下在患者血压未降低时，每隔5分钟再次含服1片，连续4～5次。阿司匹林的剂量是300mg，嚼服。倍他乐克的剂量是25mg（1片），口服。

（4）有条件时可以给予患者吸氧。

（5）密切观察患者的神志、呼吸、脉搏、血压、体温等生命体征，如果出现心跳呼吸停止，立即进行心肺复苏，如果附近有自动体外除颤仪（AED），要尽快为患者除颤。

### 三、注意事项

（1）患者发病后1小时内最易发生致命性心律失常，在做好现场急救的同时要尽快联系救护车送往有介入治疗条件的医院进行专业救治。

（2）在协助患者服药的时候，注意硝酸甘油一定要舌下含服，且血压低于平时者不能服用该药；阿司匹林过敏者、有出血倾向者（血液病患者）、有消化道溃疡者不宜服用阿司匹林；血压低于平时及心率低于60次/分钟者不宜服用倍他乐克。

（3）急性冠脉综合征主要是由动脉粥样斑块破裂造成，因此防止斑块的生成和破裂是预防该病以及心源性猝死的关键。对于已患心血管相关疾病的患者来说，平时要保持健康的生活方式，戒烟戒酒，积极控制高血压、高血脂和糖尿病，坚持运动，按时服药，定期体检。

## 第五节　脑卒中

脑卒中俗称中风，是由各种原因引起的脑血管疾病急性发作，造成大脑血液供应动脉狭窄或闭塞以及非外伤性的脑实质出血，并引发相应的临床症状和体征，是导致中老年人群死亡的主要原因之一（图8-4）。脑卒中可分为出血性脑卒中和缺血性脑卒中。

图8-4　脑卒中患者

## 一、临床特点

出血性脑卒中多发于高血压动脉硬化的人，常因剧烈活动或情绪激动引发。主要的临床症状为突然出现的意识障碍、偏瘫、偏盲和偏身感觉障碍。

缺血性脑卒中发病率较高，主要是在动脉粥样硬化的基础上形成血栓，导致大脑供血动脉狭窄或闭塞；缺血性脑卒中根据脑动脉狭窄和闭塞后神经功能障碍程度和症状持续时间分为短暂性脑缺血发作、可逆性缺血性神经功能障碍和完全性脑卒中三种类型。

（1）短暂性脑缺血发作：患者表现为突发单侧肢体无力、感觉麻木、一时性黑矇及失语或者眩晕、复视、步态不稳、耳鸣及猝倒等症状，可反复发作，一般可自行缓解，持续时间不超过 24 小时，大多不留后遗症。

（2）可逆性缺血性神经功能障碍：临床表现类似短暂性脑缺血发作，但神经功能障碍持续时间超过 24 小时，可达数天，后期也可完全恢复。

（3）完全性脑卒中：症状比其他两种类型较重，神经功能障碍长期不能恢复。

## 二、现场急救

（1）正确识别脑卒中早期迹象，包括突然面瘫或口角歪斜、一侧肢体麻木无力、头痛伴呕吐、意识错乱、言语不清等，应及时拨打急救电话。

（2）将患者安置为半卧位或前倾卧位，尽量避免活动，如出现呕吐将头偏向一侧，防止误吸呕吐物造成窒息。

（3）保持现场环境通风，如有条件可给予吸氧。

（4）密切观察患者的生命体征，尤其是意识和呼吸，一旦发现心跳呼吸停止，立刻进行心肺复苏。

（5）在等待救护车到来期间，不要给患者吃任何东西或喝水。

（6）对于摔倒在地的患者注意检查是否有外伤，如有对症处理，搬运时保护头部，尽量避免震动。

## 三、注意事项

（1）早期识别短暂性脑缺血发作非常重要，早发现、早治疗，也可以最大程度减少后遗症的发生。

（2）一旦发现患者是脑卒中，注意记录发作的时间，拨打急救电话时一并告知急救员。

（3）脑卒中早期征兆的识别除了现场观察患者面部状态以外，可以通过寻问其能否抬起双手或双腿、能否看清事物以及正确回答提问来协助判断。

# 第六节　癫痫

癫痫，俗称"羊角风"，是脑部神经元过度放电所引起的短暂性脑功能障碍，是一种突然、短暂、反复发作的慢性临床综合征。因异常放电所涉神经元的部位、范围、功能不同而出现不同的临床症状，包括运动、感觉、自主神经及精神意识障碍（图 8-5）。癫痫一般是由颅脑外伤、感染、中毒、脑卒中等引起。

图8-5　癫痫发作表现

## 一、临床特点

癫痫发作的临床类型较多，常见类型的临床表现如下：

（1）强直—阵挛性发作（大发作）：患者突然意识丧失，尖叫并跌倒，全身肌肉强直性收缩，同时呼吸暂停，面色青紫，两眼上翻，瞳孔扩大。随后很快出现全身肌肉节律性强力收缩（即阵挛），持续数分钟或更长时间后抽搐突然停止。大发作期间，患者常常牙关紧闭，口吐白沫，甚至伴有尿便失禁。患者清醒后一般对发作时的状态无记忆。

（2）失神发作（小发作）：以儿童多见，表现为突然之间意识短暂中断，停止正在进行的活动，呼之不应，双目凝视。小发作一般持续30秒左右，患者意识迅速恢复，但对发作状态无记忆。

（3）单纯部分性发作：患者一般不伴有意识障碍。部分运动性发作表现为一侧口角、手指或足趾、足部肌肉的发作性抽搐，也可扩展至邻近部位；部分感觉性发作常表现为口角、舌部、手指或足趾的麻木感和针刺感，或就只有简单的幻觉；精神性发作表现为恐惧、忧郁、各种错觉及复杂幻觉。

（4）复杂部分性发作（精神运动性发作）：刚开始发作时有错觉、幻觉等精神症状，发作时患者会做一些无意识的动作，如吸吮、舔唇或机械地重复发作前的动作，甚至突然外出、大吵大闹、脱衣、跳楼等。

任何一种类型的发作若连续或反复发作期间意识未完全恢复称为癫痫持续状态。发作时间持续30分钟以上不能停止，则会引起不可逆的脑损伤，且致残和致死率都比较高。当患者发生持续大发作时，提示情况非常严重，需要赶紧送往医院救治。

## 二、现场急救

（1）发现有人癫痫发作时，首先要保护患者，协助其缓慢平卧，同时疏散旁观者，保证患者周边有一定空间，移开可能危及患者的物体，如热水瓶、尖锐器具等。

（2）将患者平放时用柔软的物体如毛巾、衣服、枕头等垫在其头下，避免头部摔伤或撞伤，让他安静、安全的抽搐一会儿。

（3）保持呼吸道通畅，患者平卧时要将头偏向一侧，口腔如果有异物、呕吐物或分泌物要及时清除，现场如有条件可给予吸氧。

（4）一旦发作终止，立即检查患者生命体征。如果患者有自主呼吸，尽快将患者置于稳定侧卧位；如患者呼吸停止，立即实施心肺复苏。

（5）记录发作持续时间，若抽搐超过5分钟不缓解或反复抽搐，应拨打急救电话并告知急救医生发作持续时间以供后续治疗参考。

（6）检查患者是否有外伤，如果有外伤则对症处理。

## 三、注意事项

（1）癫痫发作时，一定不要强制在患者牙齿之间或嘴里放任何东西。

（2）对于牙关紧闭、抽搐状态中的患者，不要强行让其张嘴，也不可强行按压肢体，以免造成其他二次伤害。

（3）正确评估患者发作后的状态，不要采取掐人中等方法救治。

**思 考 题**

1. 休克的临床分类有哪些？
2. 晕厥现场急救的注意事项有哪些？
3. 不同程度的昏迷临床表现有哪些？
4. 急性冠脉综合征的临床表现有哪些？
5. 脑卒中早期如何识别？
6. 癫痫发生时现场急救的注意事项有哪些？

# 第九章　意外伤害的应急处理

✏️ **本章学习目标**

- ◆ 了解发生烧烫伤时如何急救。
- ◆ 了解发生中暑时如何急救。
- ◆ 了解发生淹溺时如何急救。
- ◆ 了解发生急性中毒时如何急救。
- ◆ 了解发生动物咬伤时如何急救。

## 第一节　烧烫伤

烧烫伤是生活中常见的意外伤害之一，是指由热水、热蒸气、热固体、火焰、光电、放射线等因素所致的人体组织损伤，轻者局部皮肤出现肿胀、水疱、疼痛，重者皮肤被烧焦，甚至血管、神经、肌腱等也受到损伤（图9-1）。

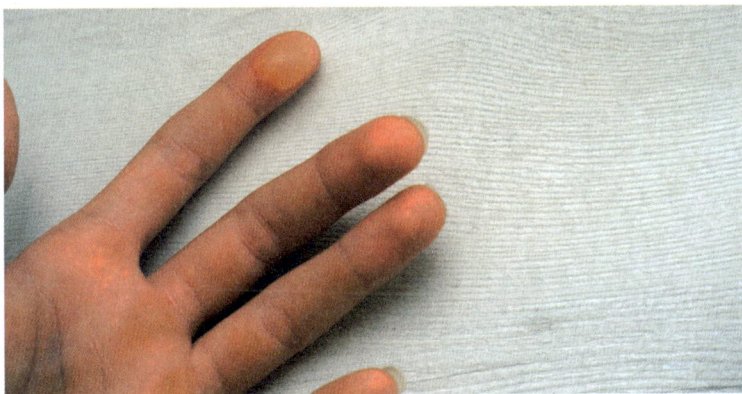

图9-1　烧烫伤

### 一、临床特点

人体的皮肤组织被烧烫伤后可能出现坏死，体液也会渗出引起组织水肿、变性。一般小面积的浅度烧伤，体液渗出有限，人体可自行代偿，不影响全身的有效循环血量；大面积或深度烧伤时引起的剧痛和大量体液渗出，会导致患者出现休克，同时创面也极易发生感染，并发脓毒症和多器官功能障碍。

临床上一般根据深度和伤情严重程度对烧伤进行分类。根据烧伤深度可分为Ⅰ度、Ⅱ度和Ⅲ度，具体临床表现如下：

（1）Ⅰ度烧伤：仅伤及表皮浅层，出现轻度红、肿、热、痛，感觉敏锐，表面干燥无水疱。

（2）Ⅱ度烧伤：分为浅Ⅱ度和深Ⅱ度，浅Ⅱ度伤及表皮的生发层和真皮乳头层（真皮浅层），患者表现为剧痛，感觉敏锐，有水疱，疱皮脱落后可见创面明显红肿；深Ⅱ度伤及皮肤真皮层，感觉迟钝，可能有水疱或者没有水疱，基底苍白，带有红色斑点，创面潮湿。

（3）Ⅲ度烧伤：伤及全皮层，甚至达到皮下、肌肉、骨骼和内脏，患者痛感消失，烧伤创面无弹性、干燥、无水疱，如皮革庄、蜡白、焦黄或炭化。

根据烧伤面积、深度，以及是否有并发症可分为轻度、中度、重度和特重度烧伤，具体如下：

（1）轻度烧伤：总面积 9% 以下的Ⅱ度烧伤。

（2）中度烧伤：Ⅱ度烧伤总面积达 10%～29%，或Ⅲ度烧伤面积在 9% 以下。

（3）重度烧伤：烧伤总面积 30%～49%；Ⅲ度烧伤面积在 10%～19%；或烧伤面积小于 30%，但全身情况较重或并发休克、复合伤、呼吸道吸入性损伤或化学中毒等症状。

（4）特重度烧伤：烧伤面积 50% 以上；Ⅲ度烧伤面积达 20%；发生严重并发症。

## 二、现场急救

（1）迅速脱离热源，可剪开伤处衣裤、袜子，取下戒指等饰物，切忌强行剥脱。

（2）对于小面积的轻度烧烫伤，立即用冷水持续冲洗或浸泡，可迅速降低热度并减轻热源对组织的持续损伤，但要避免用冰块直接冷敷。

（3）Ⅰ度烧烫伤可外涂烧烫伤药膏；Ⅱ度烧烫伤，不刺破水疱，不涂药膏，用清洁辅料覆盖，保护创面，送医院处理。

（4）对于火灾现场的烧烫伤患者，要重点评估呼吸道受损情况，保持呼吸道通畅，一旦发生心脏呼吸骤停，确认现场环境安全后实施心肺复苏时，先做人工呼吸再做胸外按压，有其他外伤则对症处理。

（5）对于大面积烧伤后严重口渴者，可口服少量淡盐水或淡盐茶水，并尽快将患者送往就近有烧伤专科的医院救治，途中也要密切观察其意识、呼吸、脉搏、血压等的变化，严重烧伤早期切忌长途转运。

## 三、注意事项

（1）强酸、强碱引起的烧伤不仅损伤表皮，还会向深层侵蚀，现场急救时要让伤者快速脱离现场，并将衣物脱去以后再进行冲洗。如果是眼睛解除强酸、强碱，应立即用大量流动冷水冲洗，皮肤被强酸、强碱烧伤，先用纸巾或毛巾蘸吸，再用大量流动冷水冲洗。少量的强酸、强碱烧伤，冲洗时间 15 分钟以上，大量强酸、强碱烧伤，冲洗时间要在 20 分钟以上。如果是粉末状的强酸、强碱，要先清除粉末再用流动冷水冲洗。如果是误服患者，可服用蛋清、牛奶、豆浆或氢氧化铝凝胶，保护口腔、食管和胃粘膜，严禁洗胃。

（2）过度暴露于日光下也会引起不同程度的烧灼伤，一旦日晒部位出现界限明显的红斑、水肿、瘙痒、灼痛或刺痛感，甚至有水疱，并发心悸、发热、头痛、恶心、呕吐等症状时，要立即将伤员转移到阴凉处，用湿冷的辅料覆盖在烧灼伤处，可口服低温饮料协助降温，必要时送往医院进行专业救治。

# 第二节 中暑

中暑是指人体在高温环境下，由于水电解质丢失过多、散热功能障碍引起的以中枢神经系统和心血管功能障碍为主要表现的热损伤性疾病，严重时可致永久性脑损害、肾衰竭甚至死亡。中暑常见的致病因素是高温（图9-2），或是在室温 >32℃、湿度 >60%、通风不良的环境中长时间或强体力劳动（图9-3）。

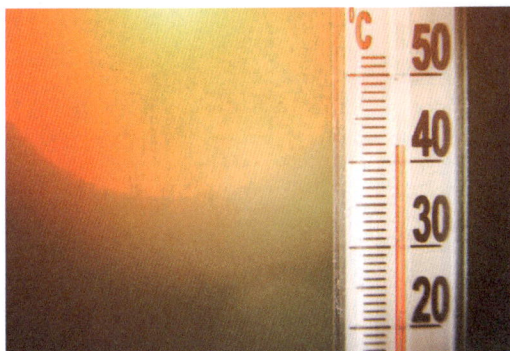

图9-2 高温天气

图9-3 高温作业环境

## 一、临床特点

中暑是日常生活中常见的意外伤害之一，尤其是在高温炎热的夏季。易发人群包括年老体弱者、孕产妇、肥胖者、甲亢患者、汗腺功能障碍等人群。根据临床表现的轻重程度可以将中暑分为先兆中暑、轻度中暑和重度中暑，具体如下：

（1）先兆中暑：患者在高温环境下活动一段时间后，出现多汗、口渴、乏力、头晕、头痛、眼花、耳鸣、恶心、胸闷、心悸、注意力不集中等症状，但此时患者体温正常或略高，一般不超过38℃。

（2）轻度中暑：患者先兆中暑的症状加重，出现早期循环功能紊乱的症状，表现为面色潮红或苍白、烦躁不安或表情淡漠、恶心呕吐、大汗淋漓、皮肤湿冷、全身乏力、血压偏低、脉搏细数、心率加快、体温轻度升高。

（3）重度中暑：患者出现高热、惊厥、痉挛、休克、昏迷等症状，按严重程度可分为热痉挛、热衰竭和热射病三型。①热痉挛：患者大量出汗后体内水分和盐分丢失较多，未及时补液或补液不足时，出现四肢肌肉、腹部、背部肌肉的痉挛和收缩疼痛，由以腓肠肌症状最明显，呈对称性和阵发性。此时患者意识清楚，体温一般正常。②热衰竭：人体在高温环境下无法适应，大量水电解质丢失和外周血管扩张导致周围循环血容量不足而发生虚脱，患者表现为恶心呕吐、面色苍白、大汗淋漓、皮肤湿冷、呼吸加快、脉搏细数、心律失常、全身疲乏无力、血压下降甚至休克。热衰竭如果不及时救治可迅速发展为热射病危及生命。③热射病：属于高温综合征，是中暑最严重的类型。患者在高温、高湿或强烈太阳照射环境中从事劳力性活动数小时后易出现中心体温骤升，中枢神经系统和循环功能障碍，表现为高热、无汗、皮肤干燥、谵妄、昏迷、呼吸急促、心动过速、抽搐、瞳孔缩小、脑膜刺激征等症状，甚至发生休克、脑水肿、全身多器官功能衰竭等。

## 二、现场急救

（1）立即将患者转移到阴凉、通风的环境中静卧休息，可使用电扇、空调等协助降温，松解或脱去患者的外衣，促进机体散热。重度中暑患者要快速降温，在救护车到来前可在头部、颈动脉、腹股沟处使用冰袋协助降温，也可用冰水反复擦拭全身皮肤降温。

（2）先兆中暑者可口服淡盐水或含盐清凉饮料，有循环功能紊乱表现的患者要及时补充足量液体，防止血压下降，并拨打急救电话送医院进一步治疗。

（3）已经昏迷患者要保持呼吸道通畅，现场有条件可给予吸氧。

（4）对于出现热水肿的患者，要抬高双足以减轻水肿，增加回心血量。

## 三、注意事项

（1）中暑重在预防，在高温天气非必要不出行或避免长时间在高温环境下活动，如果必须要外出活动或作业，一定要做好防暑措施。

（2）对于轻度中暑患者现场补液休息后也不可掉以轻心，要送医院进行进一步观察和治疗。

# 第三节　淹溺

淹溺俗称溺水，是指人被淹没在水或其他液体介质中导致呼吸障碍的过程（图9-4）。溺水者由于无法正常呼吸，导致机体缺氧和二氧化碳潴留，若未得到及时施救则可能窒息而亡。淹溺在日常生活中发生率较高，是引起儿童和青少年心脏骤停的主要原因。

图9-4　淹溺

## 一、临床特点

窒息是淹溺主要的致死原因。发生淹溺时，一方面大量的藻类、草类、泥沙等会进入溺水者的口鼻、气管和肺部，阻塞呼吸道引发窒息；另一方面溺水者可能因恐惧、寒冷等引发喉痉挛而导致窒息。溺水者主要的临床表现是因缺氧造成的心跳呼吸停止、颜面部和指端发绀、面部肿胀、双眼结膜充血等，如果淹没于粪坑、污水池和化学物质储存池等地方时，除窒息外还伴有相应的皮肤、黏膜损伤和全身中毒。根据液体介质种类一般将淹溺分为淡水淹溺和海水淹溺，发生淡水淹溺时大量水分进入血液循环，血液被稀释，出现低钠、低氯、低蛋白血症及溶血，溶血发生后大量钾离子进入血浆导致血钾升高，引发室颤。发生海水淹溺时含有氯化钠的高渗液体进入毛细血管后因渗透压作用，导致血液中的水分大量进入肺泡内，引发肺水肿，最终导致淹溺者发生心力衰竭。

## 二、现场急救

（1）入水救护时从落水者的后面靠近，避免被慌乱挣扎中的落水者抓住影响救护。

（2）从溺水者背后穿过腋下托住其头颈部，两人均采用仰泳的姿势向岸边靠近。

（3）自己无法入水时可使用绳索、漂浮的木板、救生圈等器材，让溺水者抓住，将其拖回岸上（图9-5）。

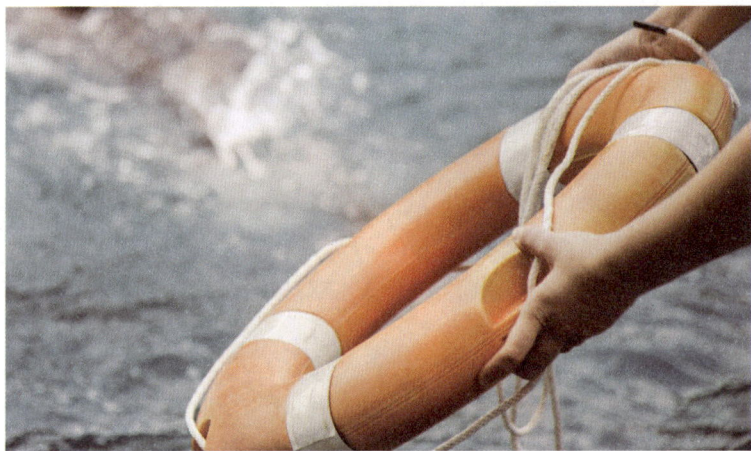

图9-5　利用救生圈救助溺水者

（4）将溺水者救上岸后，放置为侧卧位，及时清除口鼻异物，保持呼吸道通畅。

（5）发生心跳呼吸停止者，先开放气道，给予2次人工呼吸再进行胸外按压，如此5个循环后再判断复苏效果。

（6）如果淹溺者自主能力正常，协助其自行采用催吐的方法排出胃内的水，但催吐有窒息风险，要密切观察溺水者的状态，及时协助清除呕吐物。

（7）发生低体温的溺水者要坚持抢救，为其做好保暖、复温措施，直至专业的医务人员到来。

## 三、注意事项

（1）跳入水中救护前一定要做好自我保护，确保自己有入水救护的能力，如果没有能力，一定不要贸然入水徒增伤亡，应立即高声呼叫周围人群协助救护。

（2）溺水者岸上救护时不建议控水，控水会耽误心肺复苏，会延迟呼吸和有效循环的建立。

# 第四节　急性中毒

急性中毒是指短时间内某些有毒物质进入人体，扰乱或破坏机体的正常功能，使机体发生功能性或器质性改变的过程。急性中毒一般起病急骤，症状严重，病情变化迅速，如不及时治疗常常危及生命。引起患者急性中毒的物质一般是通过呼吸道、消化道、皮肤黏膜和静脉、肌肉等吸收，不同的毒物引起的临床表现也各不相同。本节主要讲述食物中毒、药物中毒、一氧化碳中毒和酒精中毒后的现场急救处理。

## 一、食物中毒

### (一)临床特点

食物性中毒一般因进食被细菌污染过的食物而发病，最常见的是沙门菌属引起的中毒，以夏季多见。中毒者常在进食后半小时、数小时，大多不超过24小时，出现以恶心、呕吐、腹痛、腹泻等为主的急性胃肠炎症状，严重者可因剧烈呕吐腹泻造成脱水、酸中毒、休克、呼吸衰竭而危及生命。

### (二)现场急救

(1) 出现食物中毒的相关症状后，应立即拨打急救电话送往医院进行救治。

(2) 如果已出现脱水症状，应及时补充电解质。

(3) 保持呼吸道通畅，及时协助患者清除口腔呕吐物，避免窒息。

### (三)注意事项

(1) 明确引起中毒的食物种类、摄入时间和摄入量，以供急救医生救治时参考。

(2) 保存现场呕吐物、剩余食物和排泄物标本，随患者一起送往医院，以便协助诊断治疗 (图9-6)。

图9-6　保存食物中毒患者的呕吐物

## 二、药物中毒

### (一)临床特点

常见的药物中毒有阿片类药物、镇静催眠药和农药中毒(图9-7、图9-8)。阿片类药物中毒轻者表现为头晕、头痛、恶心、呕吐,出现幻想、失去时空感,重者表现为昏迷、瞳孔缩小如针尖样、严重呼吸抑制等。镇静催眠药中毒者可表现为头晕、头痛、意识模糊、言语不清、共济失调、脉搏细数、皮肤湿冷、血压下降、少尿甚至无尿等症状。有机磷农药中毒表现为毒蕈碱样症状(恶心呕吐、腹痛腹泻、多汗、流涎、视物模糊、瞳孔缩小、呼吸极度困难)、烟碱样症状(肌纤维颤动,如眼睑、颜面、舌肌,逐渐发展为牙关紧闭、颈项强直、全身抽搐)、中枢神经系统症状(头晕、头痛、乏力、共济失调、烦躁不安、谵妄、抽搐、昏迷)。百草枯中毒表现为头晕,头痛,幻觉,昏迷,抽搐,口腔烧灼感,舌咽部和食管及胃粘膜溃疡,吞咽困难,呕吐腹泻,呕血,黑便,皮肤黏膜出现红斑、水疱、溃疡,严重者出现呼吸衰竭、肾衰竭等。

图9-7　阿片类或镇静类药物中毒

图9-8　农药中毒

## （二）现场急救

（1）立即拨打急救电话，神志清楚者应尽快帮其催吐。

（2）阿片类药物中毒者呼吸抑制明显，要注意通气，保持呼吸道通畅，必要时进行人工呼吸。

（3）尽快送往医院洗胃，一般服毒后6小时内洗胃效果最好。

（4）有机磷农药中毒者要立即脱离中毒现场，脱去被污染的衣物，同时用大量清水彻底清洗被污染的皮肤、毛发和指甲。

（5）百草枯中毒者催吐时可口服陶土悬液，或就地取材用泥浆水100～200毫升口服催吐。

## （三）注意事项

（1）神志不清、惊厥以及误服强酸、强碱者不能催吐，要尽快送往医院进行专业救治。

（2）催吐与送往医院进行专业救治可同步进行。

（3）保留好中毒相关的物品，以供医学检测，协助诊断。

# 三、一氧化碳中毒

## （一）临床特点

一氧化碳因其无色、无臭、无味、无刺激性，在日常生活中很容易被忽略而导致人体中毒。一氧化碳进入人体后与血液中的血红蛋白结合，降低了血红蛋白与氧气的结合能力，导致组织器官出现缺氧症状，甚至窒息。一氧化碳中毒可分为轻、中、重三度，具体如下：

（1）轻度中毒：表现为头晕、头痛、耳鸣、全身无力、恶心、呕吐、心悸等症状。

（2）中度中毒：除上述症状还会出现面色潮红、口唇樱桃红色、烦躁不安、呼吸脉搏加快等。

（3）重度中毒：除上述症状外，还表现为面色呈樱桃红色、昏迷、各种反射消失、大小便失禁、肺水肿、呼吸衰竭等。

## （二）现场急救

（1）首先要评估现场环境是否安全，当发现室内有大量煤气泄漏时，应先用湿毛巾捂住口鼻，迅速关闭煤气总阀，开启门窗通风。

（2）将中毒者快速带离现场，转移到通风良好、空气新鲜的地方，松解过紧的衣物，但也要注意保暖。

（3）保持中毒者呼吸道通畅，有条件者可给予吸氧。

（4）转移到安全环境中后立即拨打急救电话，将中毒者送往有高压氧舱的医院救治。

## （三）注意事项

（1）严禁在一氧化碳中毒现场拨打电话、点火和开启照明设备，以免引起爆炸。

（2）发生心跳呼吸停止者先进行人工呼吸，再进行胸外按压。

## 四、酒精中毒

### (一)临床特点

酒精中毒是由于人体一次性摄入大量酒类饮料后,引起的中枢神经系统兴奋及抑制状态,酒精的致死量为5~8g/kg(图9-9)。酒精中毒一般可以分为兴奋期、共济失调期和昏睡期。

图9-9　酒精中毒

兴奋期:此期患者表现为极度兴奋、情绪奔放、时悲时喜、言语增多、眼部充血、面色潮红或苍白、眩晕等。

共济失调期:此期患者表现为步履蹒跚、动作笨拙、语无伦次、言语不清等。

昏睡期:此期患者不分时间、地点、场合,进入昏睡状态,出现面色苍白、皮肤湿冷、口唇微紫、心率加快、瞳孔散大、大小便失禁等症状,严重者可因循环和呼吸衰竭而死亡。

### (二)现场急救

(1)轻度中毒者,静卧休息,注意保暖,可给予糖盐水或浓茶口服,促进醒酒。

(2)出现呕吐时协助患者及时清除口腔内的呕吐物,避免误吸引起窒息。

(3)神志尚清楚者可以用筷子压迫舌根协助其催吐。

(4)重度中毒者拨打急救电话及时送医院救治。

### (三)注意事项

(1)酒精中毒的预防非常重要,日常生活中饮酒要适量,遇到有人劝酒也要学会坚定拒绝,树立"健康第一"的信念。

(2)饮酒后切忌开车。

(3)安置患者的过程中要注意预防跌倒摔伤。

# 第五节　动物咬伤

日常生活中大部分的动物咬伤是由人类所熟悉的动物如猫、狗、蛇等咬伤的。动物咬伤的程度取决于动物的大小、撕咬力度以及咬伤时的具体情况。动物咬伤时除造成局部组织撕裂以外,还因为动物的牙齿、唾液内常常存在多种致病细菌或病毒,尤其是厌氧菌,如破伤风杆菌、气性坏疽菌等，可造成伤口迅速感染，如不及时救治，可能会危及生命。本节主要讲述犬咬伤和蛇咬伤的急救处理。

## 一、犬咬伤

### （一）临床特点

当人被感染狂犬病病毒的狗咬伤、抓伤、舔舐伤口或黏膜后，病毒就会经伤口进入人体，引发狂犬病（图9-10）。狂犬病典型的临床表现为兴奋、恐水、咽肌痉挛、呼吸困难、进行性瘫痪，直至死亡。狂犬病潜伏期为20～90天，一旦发病目前无有效治疗药物，病死率几乎为100%。

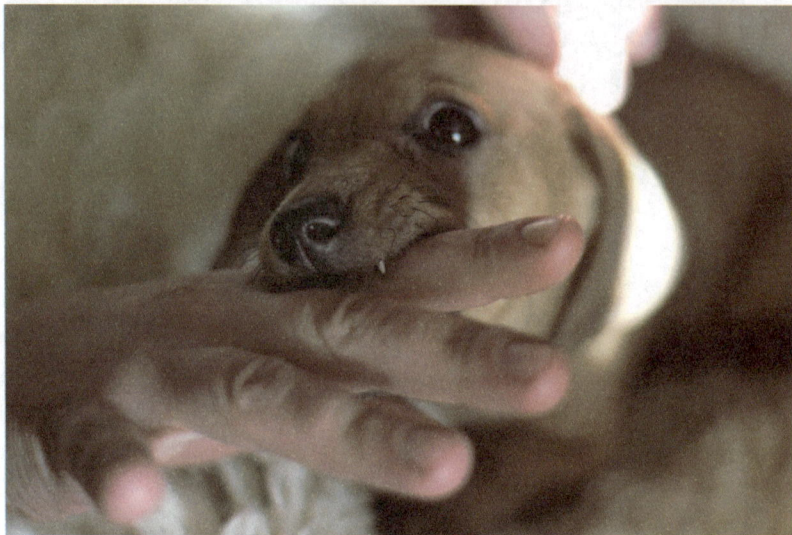

图9-10　犬咬伤

### （二）现场急救

（1）在被咬伤后2小时内，尽快用肥皂水或清水持续冲洗伤口至少15分钟。

（2）伤口清洗后不包扎，尽快前往医院注射狂犬病疫苗和破伤风抗毒素。

（3）如果伤及大动脉、气管等重要部位或创伤过重时，须迅速给予生命支持措施。

### （三）注意事项

（1）施救者在为被咬伤者处理流血的伤口时要戴好橡胶手套，做好自身防护，避免感染。

（2）对于被狗抓伤、舔舐以及唾液污染的伤口，不能掉以轻心，要按咬伤同样处理。

## 二、蛇咬伤

### （一）临床特点

我国现有毒蛇种类50多种，其中剧毒的毒蛇约有10种。毒蛇咬伤后一般在伤口处留下2～4个较大而深的毒牙牙痕，伤口局部有出血、瘀斑、水疱甚至坏死，伤口周围有明显肿胀、疼痛、麻木感，全身症状也较明显（图9-11）。蛇咬伤对人体的危害主要是毒液，不同的毒蛇毒液不同，一般分为神经毒、血液毒和混合毒三类，具体如下。

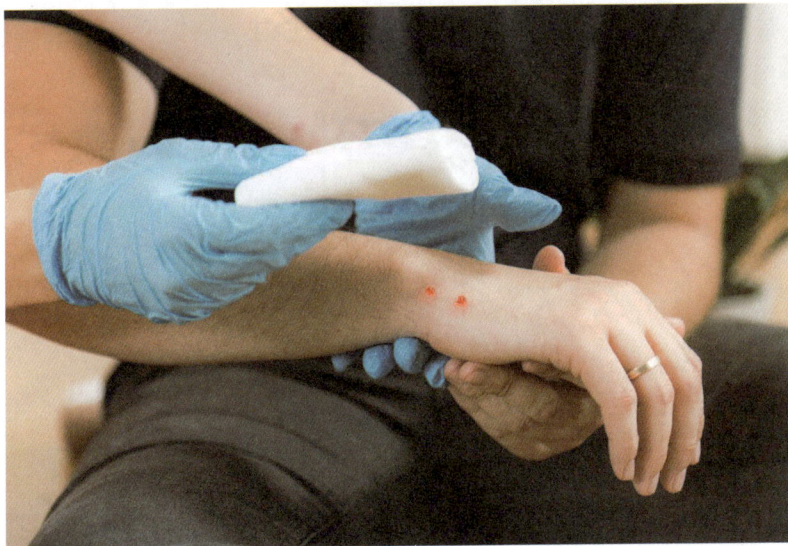

图9-11　蛇咬伤

（1）神经毒：毒液为神经毒的毒蛇有金环蛇、银环蛇、海蛇等，人被咬伤后局部症状不明显，红肿较轻，牙痕小，无渗液，仅有轻微麻木感，全身症状一般在咬伤后1～3小时开始出现，表现为头晕、嗜睡、流涎、声音嘶哑、言语和吞咽困难、视物模糊、呼吸困难、四肢无力、共济失调，重者迅速出现呼吸衰竭和循环衰竭。

（2）血液毒：毒液为血液毒的毒蛇有竹叶青蛇、五步蛇等，人被咬伤后局部症状明显，伤口剧痛、明显肿胀并迅速向近心端蔓延，伴有出血、水疱、坏死等，全身症状一般在咬伤后2～3小时出现，表现为发热、头晕、恶心、呕吐、胸闷、气短、心悸、口干、出汗等，重者出现皮肤黏膜瘀斑、内脏广泛出血、溶血、贫血、血红蛋白尿、心律失常、休克等，甚至发生急性多器官衰竭和弥散性血管内凝血。

（3）混合毒：毒液含有神经毒和血液毒的毒蛇有眼镜蛇、蝮蛇等，人被咬伤后神经系统、血液和循环系统均会出现损害症状，很快会导致呼吸麻痹和循环衰竭。

**（二）现场急救**

（1）被毒蛇咬伤后要保持安静和镇定，不要大声呼叫或奔跑，伤肢制动，避免加速毒素的吸收和扩散。

（2）被咬伤后立即坐下或躺下，让伤口低于心脏水平。迅速使用绷带或类似材料包扎伤口，由近心端向远心端包扎。

（3）有条件者在包扎的同时用冰块冷敷伤肢，使血管和淋巴管收缩，减慢蛇毒的吸收。

（4）记录蛇的资料，不能确定是否为毒蛇时一律按毒蛇咬伤处理。

（5）立即拨打急救电话送往有条件的医院救治，如果现场已打死毒蛇，可一并携带过去以协助治疗。

（6）尽快注射抗蛇毒血清和破伤风抗毒素。

## (三) 注意事项

(1) 蛇咬伤的伤口切勿用刀切开或用嘴吸吮，也不要用手去挤压伤口。

(2) 包扎时需要包住整个伤肢，注意松紧度合适 (能放入一根手指)，压力不足达不到效果，压力过大会导致局部组织损伤。

(3) 局部冷敷的同时要注意全身保暖。

**思 考 题**

1. 烧烫伤的分类及临床表现有哪些？
2. 中暑发生后现场如何急救？
3. 淹溺后发生的心脏骤停，应怎样进行心肺复苏？
4. 有机磷农药中毒时现场如何急救？
5. 蛇咬伤后现场如何急救？

# 第十章 运动康复

本章学习目标

◆ 了解什么是运动康复。

◆ 了解运动康复的种类。

◆ 了解什么是运动处方。

## 第一节 运动康复概论

### 一、运动康复的定义

近年来，随着"健康中国 2030"规划在我国开展，我国竞技体育和全民健身活动的迅速发展，因此运动损伤的发生也随之增加。运动康复作为康复医学和体育的结合，是通过主动或被动应用各种运动来矫正异常姿势，改善病变或功能障碍的方法，是康复医学重要的组成部分。针对专业运动员，运动康复的主要任务是研究运动创伤的预防、治疗、伤后或手术后的康复，目的是促进运动员重返赛场、延长他们的运动生涯；针对广大民众的主要任务是研究全民体育运动中运动创伤的特点、预防及康复，目的是促进其运动功能的恢复。

### 二、运动康复的目的

针对不同的运动人群和运动项目的运动损伤，进行运动康复大多是为了缓解疼痛，加快损伤的恢复并提高运动功能，最终达到回归生活、回归社会的目标。因此，运动康复的目的就包括五个因素。

#### (一) 增加关节活动度

针对骨折术后或久坐不动人群的关节僵硬和周围软组织的紧张，运动康复可以选择牵伸和主被动关节活动来增加关节活动度，拉长短缩的肌肉、肌腱、韧带和关节囊等软组织。

#### (二) 增加肌肉力量和耐力

由于损伤、手术或活动不足导致的肌肉力量和耐力的下降，在指导下有计划地进行运动康复可以恢复至正常水平，是运动能力的基础。

#### (三) 纠正或改善异常运动模式

在运动中由于疼痛、损伤或肌肉力量的不平衡，都会导致运动模式的异常。通过运动康复可以纠正异常的运动模式，达到缓解疼痛和预防进一步功能障碍的目的。

### (四) 提高日常生活能力

运动康复可以提高运动能力,改善心肺、内分泌和循环系统,使人们更加从容地适应日常活动,如步行、转移和上下楼等。

### (五) 改善心肺功能

久坐或因疾病导致长期卧床的患者,运动康复能够提高心功能储备和呼吸能力,从而增加患者的体力、改善全身状态。

# 第二节 运动处方

## 一、运动处方的定义

"运动处方(exercise prescription)"这一术语是 20 世纪 50 年代由美国生理学家彼得·卡尔波维奇(Peter Karpovic)提出,世界卫生组织于 1969 年正式采用这一术语。一个运动处方应包括运动频率(frequency)、运动强度(intensity)、运动时间(time)和运动方式(type)四个要素,即 FITT 原则。

### (一) 运动频率

运动频率是指每周执行运动计划的天数,在促进健康和改善健康体适能中起重要作用。

### (二) 运动强度

运动强度是指机体在运动过程中的用力程度,是运动处方的重要组成要素。

### (三) 运动时间

有氧运动的时间是指一天中进行运动的总时间。推荐的运动时间可以是连续完成的,也可以是分数次累计完成的。

### (四) 运动方式

运动方式根据改善身体运动能力的不同,可分为有氧运动、抗阻运动、柔韧性运动和平衡、协调性运动等。有氧运动主要有步行、慢跑、快跑、骑自行车或功率车、上下台阶、登山、游泳、滑雪、滑冰、非竞赛性球类运动,以及我国传统体育项目,如太极拳、五禽戏、八段锦、扭秧歌等。

## 二、运动处方基本注意事项

### (一) 循序渐进

运动康复的目的是改善躯体功能,提高适应能力。因此,在实施运动处方时,内容应该由少到多,程度由易到难,运动量由小到大,使其逐渐适应。

### (二) 持之不懈

在确定运动处方后,需要坚持锻炼才能积累治疗效果,不能操之过急或中途停止。

（三）个性化对待

虽然运动康复的适应范围很广，但在具体应用时，需要根据自身的文化、身体素质、性别和年龄等进行评估，制订个性化的方案，这样才能取得较好治疗效果。并且在运动处方的实施后应根据再次评估的结果及时进行调整，将评估贯穿在治疗方案中。

# 第三节 运动康复的分类

运动康复是通过运动的形式，以功能为中心开展治疗。运动康复根据治疗的目的不同，可分为：肌力训练、有氧训练、平衡功能训练、协调训练、牵伸、关节松动术和传统推拿手法。

## 一、肌力训练

肌力是指肌肉收缩时产生的最大力量。力量训练可以增加运动单位的动员，使更多的肌肉参与活动。

### （一）影响肌力的因素

（1）肌肉的生理横断面：肌肉的生理横断面越大，肌肉力量就越大。生理横断面的大小主要与肌纤维的粗细相关。

（2）不同肌纤维的比例：肌纤维收缩特性可分为红肌和白肌纤维两种。白肌可以产生更大的力量，主要与速度和爆发力相关；红肌可以更长时间的活动，但力量较小。

（3）神经肌肉的募集：肌肉收缩时被激活运动单位的数量称为肌肉募集，这其中包括肌肉募集的多少和肌肉募集的先后顺序，运动单位的数量越大，肌力越大。

（4）肌肉的初长度：是指肌肉收缩前的长度。肌肉的初长度越大，收缩产生的张力越大。

（5）性别和年龄：由于雄性激素的促进作用，男性比女性的力量要高一点。人类在20～30岁时肌力最大，随后逐年下降。

### （二）肌肉收缩的形式

1. 等长收缩

肌肉在收缩时其长度不变，这种收缩称为等长收缩（isometric contraction），又称为静力收缩。肌肉等长收缩时由于长度不变，因而不能克服阻力做机械功。

等长收缩有两种情况：其一，肌肉收缩时对抗不能克服的负荷，如试图拉起根本不可能拉起的杠铃时，肱二头肌所进行的收缩就是等长收缩。其二，当其他关节由于肌肉离心收缩或向心收缩发生运动时，等长收缩可使某些关节保持一定的位置，为其他关节的运动创造适宜的条件。要保持一定的体位，某些肌肉就必须做等长收缩。如做蹲起动作时，肩带和躯干的某些肌肉发生等长收缩以保证躯干的垂直姿势，同时腿部和臀部的某些肌肉做向心收缩。当蹲下时，肩带和躯干的某些肌肉同样发生等长收缩以保证躯干的垂直姿势，但腿部和臀部的某些肌肉做离心收缩，在更复杂的运动中，身体姿势不断发生变化，因此肌肉的收缩形式也不断发生变化。在体育运动中，如体操中的"十字支撑""直角支撑"和武术中的站桩，参加工作的肌肉就是进行等长收缩。

2. 等张收缩

肌肉张力在肌肉开始缩短后即不再增加，直到收缩结束，这种收缩形式称为等张收缩（isotonic contraction），有时也称为动力性或时相性收缩。

在向心收缩过程中，所谓的等张收缩是相对的，尤其是在具体情况下，更是如此。由于在肌肉收缩过程中，往往是通过骨的杠杆作用克服阻力做功。在负荷不变的情况下，要使肌肉在整个关节活动范围内以同样的力量收缩是不可能的。如当肌肉收缩克服重力垂直举起杠铃时，随着关节角度变化，肌肉做功的力矩也会发生变化，因此，需要肌肉用力的程度也不同。在整个运动范围内，肌肉用力最大的一点称为"顶点"。出现"顶点"主要是因为在此关节角度下杠杆效率最差，加上肌肉缩短损失一部分力量，而促成了"顶点"的产生。因此，在整个关节的运动范围内，只有在"顶点"肌肉才有可能达到最大力量收缩。这是等张训练的不足之处。

3. 等速收缩

在整个关节运动范围内肌肉以恒定的速度，且外界的阻力与肌肉收缩时肌肉产生的力量始终相等的肌肉收缩称为等速收缩（isokinetic contraction）。由于在整个收缩过程中收缩速度是恒定的，等速收缩有时也称为等动收缩。在运动实践中，自由泳的划水动作就具有等动收缩的特点。

等速收缩和等张收缩具有本质的不同。肌肉进行等速收缩时在整个运动范围内都能产生最大的肌张力，等张收缩则不能。此外，等速收缩的速度可以根据需要进行调节。因此，理论和实践证明，等速练习是提高肌肉力量的有效手段。

通常要让肌肉做等速收缩必须有专门的仪器设备（即等动练习器）才能实现。等速练习器的主要部件是一个速度控制器。速度控制器可以保证无论参与工作的肌肉在收缩时产生多大的张力，其收缩速度不变，同时速度可调。在练习中可根据不同的目的和要求选择适当的速度。另外还有力量的测试和记录装置，用来评定运动时的肌肉力量。

## (三) 常用的肌力训练分类

1. 辅助主动运动

辅助主动运动指的是在外力的辅助下通过患者主动收缩肌肉来完成的运动或动作。其作为辅助力量的外力常见的有：运动康复师、自身健肢、器械、引力或水的浮力等，其中以主动用力为主。辅助量以完成运动所必需的最小量为度，适用于肌力较弱尚不能独自主动完成运动的肌肉。

2. 主动运动

主动运动指自身主动以肌肉收缩形式完成的运动。运动时既不需要助力，也不用克服外加阻力。适用于肌力达 3 级以上的患者。注意训练中应取正确的体位和姿势，将肢体置于抗重力位，防止代偿运动。

3. 抗阻运动

抗阻运动是指通过徒手或使用器械对人体施加阻力，进行抗阻力的活动，包括增加骨骼肌的力量、耐力、爆发力和体积的身体活动或运动（图10-1）。

图10-1　肱三头肌的抗阻训练

抗阻训练时每一个肌群都应练习2～4组，运动者可以用同一个动作来完成这些组数，也可以由动员同一肌群的不同动作共同完成。合理的组间休息时间为2～3分钟。运动者采用不同的动作来练习同一肌群可以增加训练的多样性，从而可能会预防锻炼产生的精神疲劳。

抗阻练习的强度和每组动作的重复次数呈负相关。也就是说，抗阻练习的强度或阻力越大，运动者能够完成的重复次数越少。如果抗阻练习的目的是提高肌肉的力量和体积以及一定程度的肌肉耐力，那么抗阻练习中每组动作的重复次数应该为8～12次。换算成阻力就是大约最大重复次数（1 RM）的60%～80%，也就是仅能举起一次的最大重量的60%～80%。例如，某人的1 RM为50kg，那么选择的阻力范围应该在30～40kg。如果运动者对同一个动作做多组练习，在第一组练习中出现疲劳前所完成的重复次数将达到或接近12次，在最后一组练习时，这个数值可能下降至8次。如果训练的主要目的是提高肌肉耐力而不是力量和体积，那么应增加重复次数，强度以不超过50%的1 RM为宜。

健康成年人提高肌肉力量的训练量推荐：每一肌群练习2～4组，每组重复8～12次，组间休息2～3分钟。对老年人和体能较弱的人推荐：中等强度（60～70%的1 RM），至少一组，每组重复10～15次。

## 二、有氧训练

有氧训练也称为耐力运动，是指身体大肌群参与的、较长时间的持续运动，这类运动所需的能量是通过有氧氧化产生的。有氧运动可改善心肺耐力，改善人体代谢功能，如改善血糖和血脂水平。

### （一）有氧训练的运动频率

为了促进或保持健康，推荐给大多数成年人的有氧运动频率为：每周至少5天中等强度的有氧运动，或每周至少3天较大强度的有氧运动，或每周3～5天中等和较大强度相结合的运动。

### (二) 有氧训练的运动强度

推荐大多数成年人进行中等 (如 40%～60% 心率储备或储备摄氧量) 到较大强度 (如 60%～90% 心率储备或储备摄氧量) 的有氧运动；建议健康状况不好的人进行低强度 (如 30%～40% 心率储备或储备摄氧量) 到中等强度的有氧运动。间歇训练可以提高一次训练的总强度或平均强度，成年人可以从间歇训练中获益。

### (三) 有氧训练的运动时间

对大多数成年人推荐的运动时间为：每天应累计进行至少 30～60 分钟 (每周不少于 150 分钟) 的中等强度运动，或每天至少 20～60 分钟 (每周不少于 75 分钟) 的较大强度运动，或中等和较大强度相结合的运动。完成这一推荐量可以是连续的，也可以是一天中以每次至少 10 分钟的多次活动累计完成。

### (四) 有氧训练的运动类型

成年人应进行有节律的、大肌肉群参与的、所需技巧较低的、至少是中等强度的有氧运动。例如，对于需要较少技巧和体适能的运动项目，可以选择步行、休闲自行车和慢舞。

## 三、平衡功能训练

平衡是指人体所处的一种稳定状态，以及不论处在何种位置、做何种动作或受到外力作用时，能自动地调整并维持姿势的能力，即当人体重心垂线偏离稳定的支持面时，能立即通过主动的或反射性的活动使重心回到稳定的支持面内，这种能力被称为平衡能力。因此，平衡功能训练就是提高维持身体平衡能力所采取的各种训练措施。

### (一) 平衡的种类

平衡分为静态平衡和动态平衡。

静态平衡是指人体在无外力的作用下，保持某一静态姿势，自身能控制及调整身体平衡的能力，主要依靠肌肉等长收缩及关节两侧肌肉协同收缩来完成。

动态平衡是指在外力作用于人体或原有的平衡被破坏后，人体需要不断地调整自身的姿势来维持新的平衡的一种能力，主要依赖于肌肉的等张收缩来完成。动态平衡包括自动态平衡和他动态平衡。

### (二) 平衡训练的基本原则

#### 1. 支撑面由大到小

通过身体在运动中的支撑面积由大逐渐变小来进行训练，即在训练中从最稳定的体位逐步进展至最不稳定的体位。在进行平衡训练时，初始阶段应选择支撑面较大、辅助器具较多的体位开始进行训练，当平衡稳定性提高之后，支撑面积要逐渐变小，辅助器具也逐渐减小。例如，可以先在仰卧位下进行训练，然后转至侧卧位进行训练，或者从仰卧位至坐位再到站立位，或者从双足站立位到单足站立位再到足见站立位等，逐步增加训练难度。

#### 2. 由静态平衡到动态平衡

平衡训练应该先从维持稳定、静态的姿势开始，之后再过渡到动态的平衡。因此，可以在坐位或立位的姿势下灵活地完成日常的生活动作。例如，开始时可以在坐位或立位保持静态平衡，然后可以在运动中保持平衡，逐步增加平衡难度。

3. 身体重心由低到高

通过改变体位来改变身体的重心。例如，可以先从仰卧位开始，然后过渡至坐位，再过渡至立位。随着身体重心的升高，训练的难度也随之增大。

4. 从自我保持平衡至破坏平衡时维持平衡

在具备一定的平衡能力后，可以再受到外力情况下保持平衡。例如，在已知或未知的情况下，受到外力的推拉，继续保持平衡的练习。

5. 在注意下保持到不注意下保持

一开始可在保持注意的情况下进行锻炼，当能熟练掌握平衡能力时，可以加快训练的速度，使注意时间缩短，或在不注意的情况下进行推拉，要求继续保持平衡。

6. 从睁眼过渡到闭眼

在已经具备上述平衡能力且保护自身安全的情况下，可以在训练中由睁眼过渡到闭眼进行训练。

7. 破坏前庭平衡下保持身体的平衡

该训练可以进一步提高平衡能力，有效的治疗晕车和晕船。例如，在进行一定的旋转圈数后继续保持平衡。

## 四、协调训练

协调功能是人体自我调节，完成平滑、准确且有控制的随意运动的一种能力。所完成运动的质量应包括按照一定的方向和节奏，采用适当的力量和速度，达到准确的目标。协调性是正常运动活动的最重要成部分，也是体现运动控制的有力指标。即使是很简单的动作也需要许多肌肉的参与，在动作的不同阶段担任主动肌、协同肌、拮抗肌或固定肌。准确完成动作的过程中，协调功能主要协调各组肌群的收缩与放松，多组肌群共同参与并相互配合，从而和谐地完成动作。

协调时姿势控制，如站、走、跑、跳以及日常动作的基本条件，是完成精细运动和技能的必要条件。中枢神经系统在对多种感觉信息进行分析整合后下达运动指令，运动系统以不同的协同运动模式控制姿势变化，将身体重心调整回原范围内或重新建立新的平衡。

### (一) 协调训练要点

1. 一定要完成具体的练习任务

例如，当步行是主要目标时，那么无论采用什么方法或使用什么辅助器具，步行是必须练习的。不必担心最初做出的动作是否正确或协调，如果行走目标难以完成，则应降低训练难度，确保完成任务，直到这一练习充分掌握时，再完成更高水平的目标，例如将走路改为坐或站立。

### 2. 单个动作练习

将任务分成多个部分，在连贯完成之前先进行单个动作的练习。例如，在步行之前，应先将步行的动作进行分解，诸如脚的位置、腿的摆动、脚触地、平衡以及重心转移练习。直到每个动作完成得满意时再进行步行训练。训练任务越复杂，就应划分得越细，当单个动作练习得满意时再完成整体连贯动作。

### 3. 相关动作练习

在完成用以提高控制和协调能力的具体任务之前，先进行一些与目标相关的关节活动练习。例如，步行之前，患者先进行脚、踝、髋运动协调性的练习，进行多个肌群拮抗或促进模式的练习，直到满意时再进行步行训练。

## (二) 协调训练方法

### 1. 单一肌肉训练

(1) 单一肌肉控制训练是一个需要精力高度集中及密切合作的再学习过程，训练应在安静的环境中进行，要求把注意力集中到所训练的部位及肌肉上，要求患者情绪要稳定、注意力完全集中、密切合作。当感到疲劳或不能集中注意力进行训练时，应暂时停止。

(2) 训练时，保持一个松弛、舒服、安全的体位。根据不同治疗要求采取不同的体位，较常用的基本姿势是头部抬高的仰卧位，以便患者看见整个训练过程。

(3) 应具有完好的本体感受器或距离感受器功能，以便对整个训练过程中肌肉的活动进行监控，训练的重点是本体感觉。如果有本体感觉受损，训练的每个动作均要让患者观察到，以便利用视觉反馈进行监控。

(4) 在关节活动范围内应无疼痛感。

(5) 为尽快地达到目标，可用肌电生物反馈法来加强原动肌的动作或抑制不需要的其他肌肉的动作。当患者意识不能启动原动肌或难以收缩单块肌肉时，应用简单的或专门的促进方法，一旦原动肌能主动收缩，在协调训练之前就应停止使用这种方法。

(6) 训练中负荷应小，不要过度用力。只有在小负荷的情况下，才能使活动局限于单块肌肉，使用最小的力使原动肌收缩的同时，应给予最大的助力而不是阻力。过度用力易引起兴奋向其他神经元扩散，从而引起其他肌肉收缩，使运动不协调。

(7) 在整个训练过程中，应避免出现代偿性动作。必须完成单块肌肉控制能力训练后，方可进行更复杂的协调运动训练。

(8) 训练需要在正确指导和监督下进行。训练指示或口令应准确、清晰，也应便于理解、执行，随时调整、纠正不正确的训练方法。

### 2. 多块肌肉协调动作的训练

(1) 应从最初的卧位渐进过渡到坐位、站位训练；前一动作训练熟练后，再进行下一个动作的训练。

(2) 从简单、单一的动作逐渐过渡到有多块肌肉协调运动的复杂动作训练；从一侧的单一训练到两侧复杂动作的训练，最后进行难度最大的两侧同时运动的协调动作训练。

(3) 从最初广泛的快速动作开始，随着训练熟练程度的提高，再转移到范围小的慢速动作训练。

（4）最初睁眼做动作，以利用视觉反馈进行调整，等动作熟练后再交替睁眼和闭眼，最后闭眼做动作。

（5）对复杂的动作应逐项分解，单独逐项训练，等能准确、熟练地执行一个复杂动作的各分解动作后，方可将各分解动作合并在一起训练，直到能准确完成整个复杂的动作。训练中对所做的动作要求要准确，重复训练才可能获得运动协调能力。

## 五、牵伸

牵伸技术的目的是维持和改善关节活动范围，增加肌肉的柔韧性，训练后牵伸有利于减轻肌肉疲劳，预防肌肉损伤。牵伸开始之前应向被牵伸者说明牵伸方法、步骤及注意事项，取得配合。根据需要治疗目标确定牵伸方法，选择舒适放松的体位，牵伸过程需遵循3S原则，即缓慢（slowly）、牵拉（stretch）、保持（sustain）。

### （一）牵伸的类型

牵伸的类型可以广义地分为被动牵伸和自我牵伸。

#### 1. 被动牵伸

被动牵伸是由操作者操作完成的运动；因为在牵伸过程中操作者不能感觉到被牵伸者的感受，可能会过度牵伸肌肉，因此操作者应该与被牵伸者之间保持密切交流。

#### 2. 自我牵伸

自我牵伸是由牵伸者主动进行的运动，通常认为主动牵伸的形式更安全，因为牵伸者能够主观掌握牵伸的力度和持续时间，从而减少过度牵伸和损伤的机会。被动牵伸和自我牵伸是最常用的两种牵伸形式。

此外，根据动作特征将牵伸技术分为静态牵伸、动态牵伸和易化牵伸等，其中静态牵伸是指需要牵拉的肌肉被缓慢地拉长（抑制牵张反射的激发）并保持在一个舒服的范围15～30秒。静态牵伸既可以是主动的，也可以是被动的。动态牵伸指缓慢，有控制地活动肢体来增加整个关节活动范围，通常作为热身的一部分。易化牵伸是指将患者的肢体被动置于关节受限处，做主动肌的等长抗阻收缩，保持6～10秒，然后放松3～5秒，再进行主动或被动的肢体活动。

### （二）常见部位的牵伸

#### 1. 上斜方肌

当出现以下症状：颅底、耳部之上、眼周或眼部后方区域疼痛；肩胛带区域局部疼痛；两边肩胛骨之间局部疼痛；无法向侧面旋转或倾斜头部时，可以针对上斜方肌进行适量的牵伸。动作要领如下：

（1）坐在椅子或凳子上，两脚分开一定距离，背部和腹部稍微收紧。右手伸向身后，抓住椅子边缘，上半身向左倾斜，保持头部竖直，右肩或右侧上臂有轻微的拉拽感。

（2）试着向天花板方向抬起右肩保持5秒，请勿将身体转向两侧，休息几秒后将上半身向左侧再倾斜一些。

（3）小心地将头部靠向左侧并微微转向右侧。左手扶头部，小心地将头部拉向一侧，拉伸肌肉5~10秒，颈部和肩部感到轻微刺痛时停止动作，让肌肉休息5~10秒。

（4）将头向左移动以进一步拉伸，直至到达新的终止点，重复2~3次。

2. 胸大肌

当出现以下症状：肩胛骨之间疼痛或肌肉痉挛；手臂出现刺痛感和麻木感，尤其在夜间；脖颈前倾时，可以针对胸大肌进行适量牵伸。动作要领如下：

（1）手和前臂抵着门框站立，手肘的位置应该比肩部略高一些，收紧腹部避免弯腰，右脚向前迈一步。

（2）慢慢地弯曲右腿，拉伸5~10秒。这一动作会导致身体向前方和下方倾斜。胸肌有轻微刺痛感时停止动作。然后，放松肌肉5~10秒。

（3）右手肘靠压在门框上，产生抗阻力，保持5~10秒。然后放松5~10秒，重复2~3次。

3. 腰方肌

当出现以下症状：腰背部疼痛、久坐后腰部紧张时，可以针对腰方肌进行适量牵伸。动作要领如下（以右侧为例）：

（1）身体右侧侧卧，前臂支撑身体，呈沙滩卧姿，保持身体挺直。弯曲左腿，尽量向身体上方提起，位于下方的腿保持不动。正确的初始姿势应是位于下方的腿和上半身依然在同一直线上。

（2）右手撑地放在右手肘之前所处的位置，拉伸5~10秒。慢慢地伸直手臂，可以用左手帮助身体保持平衡。右侧腰部出现轻微刺痛感或拉伸感时停止动作，放松肌肉5~10秒。

（3）位于下方的腿发力压地板，以产生抗阻力，保持5~10秒。

（4）继续伸直手臂或者手臂移动至更靠近臀部的位置，进一步拉伸，直至到达新的终止点，重复2~3次。

4. 大腿前群肌

当出现以下症状：腰背部疼痛、膝关节疼痛和跑步后肌肉酸痛时，可以针对大腿前群肌肉进行适量拉伸（图10-2）。动作要领如下（以右侧跪姿为例）：

图10-2　大腿前群肌肉牵伸

（1）背对着墙双膝跪地，脚趾应碰到墙面。左腿向前迈一步，左脚整个脚面踩地，左小腿与地面垂直。上半身向前倾斜，靠在左大腿上。右膝盖向后朝墙壁方向滑动，右脚沿墙面向上并靠在墙上。右膝弯曲至90°时停止动作。

（2）小心地伸直手臂，让上半身和大腿靠近墙壁移动，拉伸肌肉5~10秒。大腿前侧出现轻微刺痛感时停止动作。放松肌肉5~10秒。

（3）脚抵住墙壁，右膝下压地面以产生抗阻力，保持5~10秒。放松肌肉5~10秒。

（4）继续伸直手臂以进一步拉伸，直至到达新的终止点。将右膝往更靠近墙面的位置滑动，重复2~3次。

5. 小腿三头肌

当出现以下症状：小腿后侧疼痛、跟腱紧张和足跟疼痛时，可以针对小腿三头肌进行适量牵伸。动作要领如下（以右侧为例）：

（1）找一坚硬的物体边缘，如台阶，右脚脚掌踩在平面上（约三分之一脚长），足弓和脚后跟悬空。

（2）放松小腿，脚后跟顺势下落进行拉伸，放松肌肉5~10秒。

（3）脚掌下压平面以产生抗阻力，放松肌肉5~10秒。

（4）脚后跟继续向落下以进一步拉伸，直至肌肉再次出现轻微刺痛感，到达新的终止点，重复2~3次。

### （三）牵伸的注意事项

牵拉的一般注意事项：注意牵拉时操作者和被牵伸者的体位；在牵拉终末位保持一定的时间；在无痛范围内最大限度地牵伸肌肉；被动牵伸时注意询问被牵伸者的身体感受；拉伸正确的肌群；避免影响其他关节和肌肉。

## 六、关节松动术

关节松动术（joint mobilization）是一类用于改善关节功能障碍如关节活动受限、疼痛的手法治疗技术，是运动康复技术中的基本技能之一。目前主流的关节松动技术有 Maitland 松动术、Kaltenborn 松动术和 Mulligan 松动术。

### （一）关节松动术的基本运动类型

关节松动术的基本运动类型为生理运动（physiologic movement）和附属运动（accessory movement）。

（1）生理运动是指关节在生理范围内完成的运动，可以主动完成，也可以被动完成，如肩关节的外展、内收、前屈、后伸、内旋和外旋。

（2）附属运动是在关节生理范围之外，解剖范围之内完成的一种被动运动，是关节发挥正常功能不可缺少的运动，通常自己不能主动完成，需由他人或健侧肢体帮助完成。例如，一个人不能主动使膝关节中的胫股关节分离，但借助于他人或上肢，则可以轻易地完成胫股关节的分离。关节的附属运动主要包括滑动、滚动、旋转、压迫、牵拉和分离等运动。

### （二）各流派的基本概述

**1. Maitland 松动术**

Maitland 根据关节的可动范围和操作时治疗师应用手法的幅度大小，将关节松动术分为 4 级。Ⅰ、Ⅱ级松动手法用于治疗因疼痛引起的关节活动受限；Ⅲ级松动手法用于治疗关节疼痛并伴有活动受限；Ⅳ级松动手法用于治疗关节周围组织粘连、挛缩而引起的关节活动受限。手法分级可用于关节的附属运动和生理运动。当作用于附属运动治疗时，Ⅰ～Ⅳ级手法皆可选用。而用生理运动治疗时，关节活动范围要达到正常的 60% 才可以应用，因此，多用Ⅱ～Ⅳ级，极少用Ⅰ级手法。

**2. Kaltenborn 松动术**

Kaltenborn 体系是在关节松动术中，根据关节面的分离和滑动运动的力的强度分成Ⅰ～Ⅲ级，评定时以活动到Ⅱ级关节间隙运动的程度作为标准。

Ⅰ级是指关节内压迫状态缓解的分离力，关节面尚未被牵开的力度。Ⅱ级是指关节周围组织松弛，由于结缔组织的紧张，当运动停止时治疗者可以感到有一种使关节分离或滑动的力。Ⅲ级是指分离的力或是滑动的力超过了限制关节活动的紧张感。治疗者可以试探着通过牵张挛缩的软组织，引起关节内较大的运动。

**3. Mulligan 松动术**

Mulligan 松动术是应用了关节内的持续滑动并配合关节的生理运动，可以由受试者主动和运动康复师被动完成。Mulligan 关节松动术具有以下几个特点：

（1）无痛原则，在治疗过程中尽量不能引起或加重患者的疼痛。如果出现疼痛，应立即停止治疗，如果技术和治疗平面均正确，如仍感觉疼痛，则应换用其他手法治疗。

（2）与其他关节松动术不同，Mulligan 关节松动术强调关节内的持续滑动且配合关节的生理运动。其原因在于在运动状况下治疗会使症状得以改善，并更好地维持疗效。

（3）Mulligan 关节松动术是一种针对性强的手法治疗，康复师应及时询问和观察治疗后的反应，尤其是次日的情况，并以此为依据随时调整技术。

（4）Mulligan 关节松动术可在一次治疗中选择多种治疗技术相结合，以取得最佳疗效。康复师进行传统关节松动术治疗的时候，患者是被动治疗，而 Mulligan 关节松动术则强调肢体的运动。Mulligan 关节松动术具备主动训练和被动运动的双重优势：患者自己配合完成训练，肌肉得到了刺激；而帮助其完成训练，又确保了患者能在无痛的情况下使用所有的活动范围且运动方式更容易完成。

### （三）关节松动术的作用

（1）恢复关节内结构的正常位置或无痛性位置，从而改善疼痛、恢复全范围的关节活动。

（2）关节固定时间过长时，会导致关节软骨萎缩，关节松动术可使滑膜液流动，从而刺激活动，提供并改善软骨的营养。

（3）关节固定后，关节内纤维组织丧失，关节内粘连，韧带及关节囊挛缩，关节松动术可维持关节及其周围组织的延展性和韧性。

（4）关节受伤或退化后本体感觉反馈将减弱，从而影响到机体的神经肌肉反应。关节活动可为中枢神经系统提供有关姿势动作的感觉信息。例如，静态姿势及活动速度的感觉传入；运动速度改变的感觉传入；运动方向的感觉传入；肌肉张力调节的感觉传入和伤害性刺激的感觉传入等。

（5）关节松动术不能改变疾病本身的进展，如类风湿关节炎，或受伤后炎症期。在遇到这些疾病的情况下，治疗目的是减轻疼痛，维持可用的关节内活动并减少因活动限制所造成的不良结果。

### （四）适应证和禁忌证

1. 适应证

适应证用于缓解疼痛、力学因素引起的关节功能障碍。主要作用是维持现有的活动范围，延缓病情发展，预防因不活动引起的并发症，同时适用于关节附属运动丧失继发形成的关节囊、韧带紧缩或粘连等。具体如下：

（1）关节内及周围组织存在粘连现象，如冻结肩患者。

（2）适用于由肌肉、关节引起疼痛的患者。

（3）由于肌肉僵硬导致关节正常的附属运动丧失的患者。

（4）关节内组织错乱的复位，如脊柱小关节紊乱、脱落的疏松组织阻碍关节的活动范围。

（5）骨折或关节置换术后导致的关节活动度下降。

（6）关节受伤或退化后本体感觉反馈减弱。

2. 禁忌证

（1）急性外伤或疾病引起的关节肿胀。

（2）关节活动已经过度、关节不稳定的患者。

（3）未愈合的骨折患者。

（4）恶性肿瘤疾病的患者。

（5）严重骨质疏松患者。

（6）脊髓已受到挤压的患者；出现了对称性的临床症状，造成步态不稳等不适于关节松动术治疗的患者。

（7）椎动脉血液供应不足的患者，尤其是老年人。

（8）类风湿关节炎和关节强直性脊柱炎的急性期患者。

（9）急性神经根性炎症或压迫。

## 七、传统推拿手法

推拿，古称"按摩""乔摩""挢引""案杌"等，属于中医外治疗法范畴，是中医学宝库中的重要组成部分。以推拿者的手或肢体其他部位，或者借用一定的器具以达到手功能的延伸，在患者体表上做规范性的动作，来达到防治疾病目的的方法。

其具体的操作形式有很多种，包括用指、掌、腕、肘，以及肢体其他部位如头、足等，甚至运用桑枝棒，直接在患者体表进行操作，通过功力作用于特定部位或经络腧穴而产生作用。

### (一) 推拿手法的分类

1. 一指禅推法

以拇指着力，通过前臂的主动摆动，带动腕部的往返摆动，使所产生的力通过拇指持续地作用于治疗部位，称为一指禅推法。

拇指自然伸直，余指的掌指关节和指间关节自然屈曲，以拇指端或罗纹面或偏锋着力于治疗部位，沉肩、垂肘、悬腕、掌虚、指实，前臂摆动，带动腕关节有节律地内、外摆动，使其产生的功力通过拇指持续地作用于治疗部位。手法频率为 120～160 次 / 分。

2. 㨰法

以手背部小指侧着力，通过前臂的旋转和腕关节的屈伸运动，使着力部在治疗部位持续不断地来回滚动，称为㨰法。

沉肩、垂肘，以小指掌指关节背侧为吸定点，手背部第 4、5 掌骨基底部背侧着力于治疗部位，肘关节微屈并放松，腕关节放松，通过前臂主动推旋，带动腕关节屈伸的复合运动，使产生的力持续作用于治疗部位。手法频率为 120～160 次 / 分。

3. 擦法

用指、掌贴附于体表施术部位，做较快速的往返直线运动，使之摩擦生热，称为擦法。擦法包括掌擦法、大鱼际擦法和小鱼际擦法。

以手掌的全掌、大鱼际、尺侧小鱼际着力于治疗部位，腕关节伸直，使前臂与手掌相平。以肘或肩关节为支点，前臂或上臂做主动运动，使手的着力部分在体表做适度均匀地直线往返快速擦动。

4. 推法

以指、掌、肘着力于治疗部位上，做单方向直线推动，称为推法。推法分为指推法、掌推法和肘推法三种。

着力部要紧贴体表，压力平稳适中，做到轻而不浮，重而不滞，要单方向直线推进，速度宜缓慢、均匀。应按经络走行、气血运行，以及肌纤维的方向推动，不应两手同时在身体两侧做推法时，应单手推。

5. 拿法

以拇指和其余手指相对用力，提捏或揉捏肌肤，称为拿法，即"捏而提之谓之拿"。可单手操作，也可双手同时操作。拿法可柔可刚，刺激量较大时，每次每个部位所拿时间不宜过长。

以拇指指腹与其余四指指腹对合呈钳形，施以夹九，逐渐将捏住的肌肤收紧、提起放松，有节律地捏拿治疗部位。以拇指和食、中两指对合用力为三指拿法，拇指和其余四指对合用力为五指拿法。

6. 按法

以指或掌着力于体表，逐渐用力下压，称为按法。按法刺激强而舒适，常与揉法结合运用，组成"按揉"复合手法。按法可以分为指按法和掌按法两种。

用力由轻渐重，稳而持续，使刺激充分达到深层组织，再由重到轻。在治疗部位上垂直下压,操作应缓慢且有节律性,着力部位要紧贴体表,不可移动,且不可突施暴力。

### (二)推拿的适应证

骨伤科疾病的主要病症有:颈椎病、落枕、颈椎间盘突出症、前斜角肌综合征、肩关节周围炎、肩关节撞击综合征、冈上肌肌腱炎、肩峰下滑囊炎、肱二头肌长头肌腱滑脱、肱二头肌长头肌腱炎、肱骨外上髁炎、肱骨内上髁炎、腕管综合征、腱鞘囊肿、脊椎后关节紊乱、急性腰肌扭伤、慢性腰肌劳损、腰椎间盘突出症、第三腰椎横突综合征、骶髂关节扭伤、梨状肌综合征、髋关节扭伤、髋关节滑囊炎、退行性髋关节炎、退行性膝关节炎、膝关节创伤性滑膜炎、膝关节侧副韧带损伤、膝关节半月板损伤、髌下脂肪垫劳损、踝关节扭伤、踝管综合征、跟腱周围炎、跟痛症等。

内科疾病的主要病症有:胃脘痛、便秘、泄泻、感冒、咳嗽、哮喘、眩晕、失眠等。

### (三)推拿的禁忌症

(1)各种传染性疾病。

(2)结核性和感染性疾病。

(3)所操作的部位皮肤有烧伤、烫伤或有皮肤破损的皮肤病。

(4)各种恶性肿瘤,特别是与施术面重合或交叉部位的肿瘤。

(5)胃、十二指肠等急性穿孔。

(6)骨折及较严重的骨质疏松症患者。

(7)月经期和怀孕期的腹部、腰骶部操作。

(8)有严重心、脑、肺病患者;有出血倾向的血液病患者。

(9)患有某种精神类疾病,不能合作的患者。

# 第四节  运动损伤的处理与治疗

## 一、肌肉损伤

肌肉损伤,包括肌肉的拉伤、挫伤和断裂等,合理的处理有赖于正确的诊断。在损伤的即刻,伤部尚未肿胀,而且由于反向性的肌肉松弛与感觉神经的传导暂停,疼痛较轻,一旦肿胀和疼痛加重,或肌肉发生疼挛,则检查困难。因此伤后应尽早检查,以便明确诊断。

一般的肌肉损伤根据损伤的病理发展过程,其治疗大致可分为早、中、后三个时期。

### (一)早期

早期指伤后24小时或48小时以内,组织出血和局部出现红、肿、热、痛、功能障碍等征象的急性炎症期。这一时期的处理原则主要是制动、止血、防止肿胀、镇痛和减轻炎症。治疗方法可根据具体情况选用PRICE原则中的一种或数种:P—保护,R—休息,I—冷敷,C—加压包扎,E—抬高患肢。一般是先冷敷,受伤之后每2小时用一个冰袋冷敷大约15分钟。对于一般性的损伤,每天用一个干毛巾包裹冰袋敷2～3次,再用适当厚度的棉花或海绵放于患部。然后用绷带稍加压力进行加压包扎。

原则上加压包扎的肌肉应处于拉长位,使肌肉纤维不致因瘢痕挛缩而变短,导致运动时正常肌肉部分不能用力，而伤部肌纤维却处于受牵拉状态。包扎后应经常注意包扎部位的情况，若有过松或过紧的现象，必须重新正确包扎。加压包扎24小时后即可拆除，根据伤部情况做进一步处理。使用无热量微波电疗或外敷型伤药也可达到迅速消肿止痛、减轻急性炎症的效果。此外，疼痛较重者可服非甾体类抗炎药。这一时期，伤部不宜做推拿，否则会加重出血和组织液渗出，使肿胀加重。

### （二）中期

中期指受伤24小时至两周左右，出血已经停止，急性炎症逐渐消退，但局部仍有淤血和肿胀，但开始吸收，组织处于修复期。处理原则主要是改善血液和淋巴循环，促进组织的新陈代谢，加速组织修复。治疗方法可采用热疗、理疗、推拿和功能训练等。此时期可直接推拿伤部，根据损伤的性质和部位，选用适当的手法，用力宜轻，以免引起异位骨化，以后力度可逐渐加重。功能训练一般以受累关节的被动运动以及肌肉肌腱的牵伸练习为主。

### （三）后期

后期的肌肉损伤基本修复，肿胀、压痛等局部征象也消除，但功能尚未完全恢复，锻炼时仍感疼痛，酸软无力。有些严重病例，由于粘连或瘢痕收缩，出现伤部僵硬、活动受限等情况。此时的处理原则是增强和恢复肌肉、关节的功能，治疗方法以推拿、理疗、功能锻炼为主。理疗可运用中频电等，以帮助松解粘连及瘢痕组织。超声波在损伤的慢性期对软化瘢痕有良好的作用。功能训练应遵循循序渐进的肌力训练原则，从原先的被动运动和牵伸练习为主，逐渐过渡到避免重力的主动运动。

## 二、肌腱损伤

### （一）定义

肌腱损伤（tendon injury）是常见的运动创伤，也是软组织损伤中的常见类型。据报道，在2725例运动创伤中，肌肉与筋膜损伤占22.01%，肌腱和腱鞘损伤占12.03%，另有肩袖损伤占5.10%，三项合计占39.14%。

肌腱损伤可以是急性损伤，也可以是慢性劳损。严重的肌腱损伤可以导致肌腱断裂或肌肉肌腱结合部断裂，一般的肌腱损伤则多表现为肌腱和（或）腱止点结构的急性或慢性炎症。其中腱止点结构处的慢性损伤又称末端病，表现为局部肿痛、压痛，可严重妨碍运动。其病理变化有腱肌腱围充血、增厚、变性、粘连、腱止点钙化、软骨层断裂或消瘦、潮线下移、新骨增生等。

肌腱损伤好发于肩袖肌腱、肱二头肌长头肌腱、股四头肌腱、髌腱和跟腱。肌腱损伤发生时常伴有其附属结构如腱鞘、腱围、滑囊等的炎症。

### （二）病因

肌腱损伤的基本病因是肌腱在运动或活动过程中受到过度牵拉（急性损伤）或过度使用（慢性劳损）。其原因可以是因一次剧烈运动肌肉强力收缩而使肌腱受到间接暴力的拉伤、扭伤或挫伤，也可以是长期或长时间的运动或活动中肌腱发生退变和慢性劳损，进而发生炎症甚至自发性断裂。少数情况下也有因局部受到直接暴力的打击而发生肌腱断裂或撕裂等损伤。目前大多数肌腱损伤病例都是建立在肌腱的慢性劳损的基础上，即先有组成肌腱的胶原纤维发生退行性改变，再由轻微的拉伤、扭伤或挫伤引起肌腱的纤维撕裂、部分断裂或完全断裂。

### (三)治疗

#### 1. 急性期处理

急性期处理的基本原则是 PRICE 常规处理。

(1)轻度和中度肌腱损伤的处理：主要是保护患部，避免肌腱再受损伤，可用防护支持带或矫形器具固定患部，以限制关节某一方向的活动，加强关节的稳定性，从而保护愈合未坚的肌腱，保证其良好愈合。冰敷的同时应予以弹性绷带加压包扎，一般是先冰敷，后加压包扎，但也可二者同时并用。伤后 24 小时或 48 小时以内应休息，避免进行加重损伤部位疼痛的活动，休息时要抬高患部以利于局部血液与淋巴液的循环和减轻水肿。

(2)重度肌腱损伤(肌腱完全断裂)的处理：强调在 PRICE 常规处理的基础上，必须尽早进行手术缝合肌腱，使肌腱的连续性完全恢复。

#### 2. 慢性期康复

(1)轻度和中度肌腱损伤通常以推拿、理疗和功能训练为主，适当配以消炎、镇痛药物治疗。也可采用肾上腺皮质激素腱周围注射的方法治疗，可获得良好临床疗效。

(2)重度肌腱损伤术后需固定 4~6 周，固定期间，进行固定部位肌肉的等长收缩练习，未受累关节进行关节主动运动和肌肉的等张收缩练习，配合药物、理疗、运动疗法等直到肌腱愈合(8~10 周)。

## 三、韧带拉伤

韧带损伤在运动中很常见，主要影响膝部和足踝，也经常发生在肩关节、肘关节和手部。通常韧带附着于构成关节的两块骨，为关节提供稳定性而不限制其正常运动。韧带不能主动地影响关节活动，但可在其运动范围内从外部保持"绷紧"的状态。

### (一)损伤类型

当外力超过韧带的韧性时，韧带就会拉伤，而其韧性往往和施力的速度有关，因此与慢速牵拉相比，快速势力更容易导致韧带拉伤。根据损伤的严重程度可以分为 I 级撕裂(少数撕裂纤维)、轻度 II 级撕裂(少于1/2 的纤维撕裂)、重度 II 级撕裂(超过 1/2 的撕裂)和 III 级撕裂(完全撕裂)。

### (二)前交叉韧带损伤

膝关节前交叉韧带损伤在运动创伤中较多见。可单独损伤，也可与侧副韧带及半月板同时损伤，后者称为联合损伤。前交叉韧带是膝关节最重要的前向稳定结构，同时也对限制膝关节旋转、内外翻具有重要意义。断裂后，膝关节会产生多向不稳，其中以前向不稳为甚。另外，韧带断裂后，本体感受器的缺失也会使膝关节本体感觉下降，所以膝关节会出现反复扭伤，随着时间推移，膝关节及周围组织损伤加重。患侧膝关节功能的缺失，继而造成双下肢协同运动模式异常，加速侧肢体及相邻关节的退行性改变。接下来以前交叉韧带损伤说明一下韧带拉伤后的处理与治疗。

为了避免因前交叉韧带断裂造成的种种不利影响，手术重建仍是最有效的手段。尽快恢复膝关节稳定性，能够最大程度避免继发损伤的发生，延缓关节结构退变。手术期康复有助于为手术创造良好条件，使肢体功能在术后得到最大程度恢复。

在确定接受重建手术后，首先要考虑到的就是控制关节的炎症反应。急性损伤造成关节内外出血，在疼痛和保护性制动共同作用下，非常容易发生关节的纤维性僵直。如果在韧带重建手术之前，关节处于肿胀或僵直状态，结合手术创伤的刺激，术后将出现更严重的关节纤维化，甚至出现非常顽固的关节活动障碍。为了避免这种情况的发生，可以通过适度的关节活动度训练、冰敷以及合理的物理因子治疗，使关节在术前达到基本消肿，活动自如的状态，这一点甚至比术后康复更加重要。

在安全的前提下，需要进行肌肉力量的训练。由于此时关节处于损伤状态，练习以相关肌肉的等长收缩或小幅度运动为主。除了患侧膝关节周围肌肉以外，相邻关节以及健侧的相关动力肌也要尽可能维持正常功能水平，这是对下肢整体功能的有益维护。在精力允许的前提下，上肢、躯干各部位肌肉尽可能以正常方式训练，这样可以使全身运动功能维持在一个较高的水平，这一点对于职业运动员及体育爱好者来说尤其重要。

除了肌肉功能以外，患者还应该熟练掌握拐杖的使用。对于前交叉韧带重建术来说，术后一段时间内需要使用拐杖助行，以减少在日常活动时关节承受的压力。不同需求和功能水平的患者，可以自行选用肘拐、腋拐或手杖。规范的用拐可以起到最佳的保护效果，同时避免附加损伤的发生。

## 四、关节软骨损伤

关节软骨损伤机制包括直接创伤、间接撞击，或者关节扭转负荷时损伤。关节软骨损伤后会导致疼痛，关节灵活性降低，并且通常最终将发展为骨性关节炎。近年来由于关节镜技术的进步和核磁共振的应用，关节面软骨损伤的诊断得到极大提高。非手术治疗对一些患者可能会有满意的结果，但是因为软骨损伤最终将进展为骨性关节炎，下面将以膝关节软骨为例展开介绍。

### (一) 症状

膝关节疼痛，在练习或比赛中有酸软或疼痛，上下楼痛、半蹲痛，大多在屈30°～50°位。疼痛角持重时有"打软腿"、膝无力的现象。有关节游离体时，常有交锁，膝关节伸屈时可弹响。

### (二) 体征

股四头肌萎缩，有髌骨软骨损伤时压髌痛，股骨滑车压痛。可进行半蹲试验，让患者单腿下蹲，感觉髌骨下疼痛即属软骨损伤。髌股关节面损伤时出现摩擦音或弹响。

### (三) 治疗

1. 非手术治疗

在避开疼痛角度下进行半蹲位静蹲肌力训练、器械抗阻肌力训练，加强大腿肌肉力量以保护膝关节。理疗可选用短波、超短波、激光、超声波及中药透入等方法。

2. 手术治疗

关节镜下的微骨折软骨成形术首先确定关节软骨缺损，然后用刨刀或刮匙清理缺损确定边界，显露软骨下骨，在软骨下骨穿凿多个孔（微骨折手术），使骨髓腔内的间充质干细胞填充缺损区，细胞增生或分化为马赛克状纤维软骨以修复损伤软骨组织。术后处理与治疗如下：

（1）术后康复第一阶段（术后 0～6 周）：最大限度保护软骨修复，术后使用膝关节角度可调支具，股骨或者胫骨病变者支具固定伸直位，髌股关节病变者，支具锁定为 0°～20°。局限性损伤的患者，扶拐用足尖触地负重，由 50% 开始，在可以耐受范围逐渐增加。

（2）术后康复第二阶段（术后 7～12 周）：本阶段重点在于恢复正常的关节活动度并开始步态训练。当直腿抬高没有疼痛和迟缓时，可以除去支具，在日常活动中使用护膝。过度内翻或者外翻畸形的患者，建议其使用免负荷支具。

（3）术后康复第三阶段（术后 13～18 周）：本阶段重点在于恢复正常功能活动所需要的肌力，继续阶段二中使用的治疗措施。闭链运动可以在较大的关节活动度范围内进行。开始下台阶练习，在不接触病变位置的角度下，增加开链伸膝练习，可由 40°～90° 的范围开始，并进展到全范围角度。髌骨或者股骨滑车手术的患者，在进行这项练习时应格外小心。开始进行持续抗阻下腘绳肌力量练习，使近端肌力进一步增加。

## 五、非特异性腰痛

非特异性腰痛是指引起疼痛的具体病理部位不能十分肯定，涵盖了以往的腰肌劳损、腰肌膜炎等急慢性腰部病变。腰痛非常普遍，90% 的人一生中都曾有过腰痛的体验，社会各阶层人群中腰痛患者很常见。据文献报道，这可能与性别、年龄、教育和职业有关，女性发病率普遍高于男性，腰痛的严重程度随年龄的增加而增加（图 10-3）。

图 10-3 非特异性腰痛

### (一)非特异性腰痛的分类

#### 1.急性腰痛

发病突然，疼痛剧烈，随活动加重，经休息后多有缓解，常伴有明显活动受限和功能障碍。应注意，在急性腰痛的处理和治疗时，应鉴别诊断一些特异性腰痛，如由于肿瘤、感染、骨折和肾结石等具体的病理变化引起的疼痛。

#### 2.慢性腰痛

部分急性腰痛未经有效治疗或早期错误治疗，或治愈后没有注意预防等原因，疼痛反复发作及慢性损伤缓慢发生，病程大于 3 个月，即可认定为慢性腰痛。慢性腰痛多无明显剧烈疼痛，但更多的影响日常生活活动和导致患者心理障碍。

### (二)治疗

本类疾病的病因为腰背部肌肉、韧带、筋膜等软组织的各种急慢性损伤。针对病因，急性期以卧床休息、口服消炎镇痛药为主，可给予局部痛点注射激素或局部麻药治疗。一般不主张手法及运动疗法，但应坚持适量的日常活动，恢复期及慢性疼痛患者应配合推拿、物理治疗、手法治疗、运动疗法等综合治疗。

#### 1.卧床休息

急性腰痛患者疼痛较剧烈时，可指导患者短时间卧床休息，一般以 2～3 天为宜，不主张长期卧床。长期卧床休息不仅对腰痛的恢复无积极治疗作用，而且会使患者产生过多的心理负担等问题而延误功能恢复，造成慢性腰痛。

#### 2.矫形支具治疗

佩戴腰围可以限制腰椎的运动，特别是协助背肌限制一些不必要的前屈动作，以保证损伤组织可以局部充分休息。合理使用腰围，还可减轻腰背肌肉劳损，在松弛姿势下，减轻腰椎周围韧带负担，在一定程度上缓解和改善椎间隙内的压力。腰围不应该长期使用，以免造成腰背部肌力下降和关节活动度降低，从而引起肌肉失用性萎缩，对腰围产生依赖性，腰围佩戴时间一般不超过 1 个月，在佩戴期间可根据患者的身体和疼痛情况，做一定强度的腰腹部肌力训练。

#### 3.药物治疗

中西医药物可以缓解腰痛患者的疼痛症状，起到辅助的对症治疗作用，常用的药物有：非甾体类消炎止痛药（NSAID）、肌肉松弛剂、麻醉性镇痛药、扩张血管药、营养神经药、中成药和外用药。

#### 4.运动康复

运动康复对缩短病程，减少慢性腰痛的发病率，改善功能有重要作用。一般来说，腰痛的急性期疼痛较重时，患者不进行特异性的腰背活动，只是尽可能保持日常活动，尽可能坚持工作，疼痛减轻后以及慢性腰痛患者除了进行有氧运动以外，还应该着重于腰腹肌的训练和腰及下肢的柔韧性训练。

5.心理干预

腰痛患者会出现更大的社会心理问题和恐惧逃避信念，慢性腰痛更易加重。当中枢敏化合并高水平的恐惧逃避或心理压力（如焦虑或抑郁）时，就需要进行心理暗示疼痛物理治疗。影响疼痛感知的主要情感和认知因素是焦虑和恐惧，包括害怕活动和再损伤。基于此方法的干预措施包括鼓励患者面对和克服恐惧，摒弃之前那些逃避活动的无益信念等。

## 六、脑震荡

脑震荡是最常见的创伤性脑损伤（图10-4）。在全部年龄组中，青少年脑震荡发生率最高，但年轻人最易有持续脑震荡。脑震荡已经在运动中变得越来越普遍，尤其是在接触性运动如橄榄球、足球和冰球中。

图10-4　脑震荡

### （一）定义

目前脑震荡被定义为由外部创伤性生物力学作用而引起的影响脑部的复杂病理生理过程。脑震荡一般会引起暂时的可以随时间自愈的神经功能损伤，在神经影像上没有大体结构改变。

### （二）症状

脑震荡发生于直接或间接头部损伤之后。如果存在鼻骨骨折、颈部损伤，应怀疑脑震荡的存在。患者会经历头痛、眩晕和恶心呕吐，严重的可能会出现记忆丧失，失去时间和空间定向力，不清楚当前情况。

### （三）严重程度分类

严重程度只有在恢复后才能进行评估。

（1）单纯性脑震荡：患者可在10天内完全恢复；在过去最近一段时间没有复发过脑震荡。

（2）复杂性脑震荡：失去意识超过1分钟；恢复时间超过10天；在功能训练中症状复发；反复发生脑震荡，通常受到轻微的创伤时即可出现。

### (四）治疗

#### 1. 急性期处理

如果怀疑患者有脑震荡，应立即让其停止任何运动并进行休息，直到症状得到缓解并重新评估确认能参加运动为止。此后，应每天至少评估一次，并尽可能限制任何可能加重症状的活动。当出现意识丧失或表现出明显的神经症状时，患者应被就近送往可以进行 CT 检查的急救中心，当症状稳定后，应当联系其亲属，即可离开医院；如果结果正常，则永久损伤的风险很小。

#### 2. 脑阶梯训练

通过训练逐渐恢复运动，应当遵循循序渐进的原则。脑阶梯康复训练用于指导患者轻松并安全地完全恢复运动，康复训练应根据运动项目和个人的锻炼能力不断调整。应考虑以下几方面：至少24小时没有症状才可以开始体育运动；基本原则是每天在以前的运动完成后，只增加1种新的运动；如果在运动中出现突发症状，待无症状后，休息24小时之后重做之前无症状的活动；在回到不受限的运动之前，脑阶梯康复训练必须已包含这种运动的所有已知形式；如果在脑阶梯康复训练中出现两次症状复发，应停止训练再次检查。

### 思 考 题

1. 运动康复的定义是什么？有什么目的？
2. 肌力训练的种类有哪些？
3. 平衡训练与协调训练的定义是什么？训练的区别是什么？
4. 常见运动损伤的种类有哪些？
5. 发生运动损伤时急性期可以做什么处理与治疗？

# 参考文献

[1] 阿瑟·S.雷伯. 心理学词典 [M]. 李伯黍，译. 上海：上海译文出版社，1996.

[2] 丛中，安莉娟. 安全感量表的初步编制及信度、效度检验 [J]. 中国心理卫生杂志，2004，2:97-99.

[3] 王冀. 群体心理不安全感的传染研究 [D]. 北京：中国地质大学，2018.

[4] 闻心. 增强安全感的理性方式 [J]. 心理与健康，2008,3:13.

[5] 刘蓓，张震. 封闭式管理对大学生心理安全的影响与干预策略 [J]. 才智，2022,31:96-98.

[6] 唐斌. 青少年吸毒的群体诱因及防治对策分析 [J]. 北京青年政治学院学报，2005,1:31-35.

[7] 牛纪亮. 新时代大学生安全教育教程 [M]. 长沙：湖南科学技术出版社，2022.

[8] 邱玉敏. 大学生安全教育 [M]. 北京：中国传媒大学出版社，2021.